DSHUNA

Die Macht meiner Hände

DSHUNA

Die Macht meiner Hände

Eine Ferenczy-Edition im
DIANA VERLAG ZÜRICH

Eine Ferenczy-Edition im DIANA Verlag.

ISBN 3-905414-46-5
Umschlaggestaltung: Graupner & Partner, München
Umschlagphoto und Bildteil:
Mit freundlicher Genehmigung der VAAP, Moskau
Satz: Jung SatzCentrum, Lahnau
Druck und Bindung: Wiener Verlag, Himberg b. Wien
Printed in Austria

1. Kapitel

Wie dieses Buch entstand

Wenn mich jemand fragt, ob ich mir für mich persönlich irgend etwas wünsche, ist meine Antwort immer die gleiche:

»Mir fehlt Zeit, alles andere habe ich.«

Es ist wahr, ich bin immer in Zeitnot. Die kosmische Geschwindigkeit, mit der das Leben verstreicht, quält und bedrückt mich. Manchmal spüre ich ganz deutlich, wie ein Tag zu einer gespenstisch kurzen Zeitspanne zwischen Morgen- und Abendröte zusammenschrumpft. Ich sollte vielleicht erklären, daß ich nach Meinung meiner Freunde über blitzschnelle Reaktionen verfüge, daß ich vieles im Nu begreife und in den Gedanken anderer Menschen wie in einem offenen Buch lesen kann. Andererseits gibt es Gelegenheiten, bei welchen ich vor einem Rätsel stehe. Es gibt Tage, an denen ich im Verlauf von wenigen Sekunden ein ganzes Leben durchlebe.

Während der ruhigen Morgenstunden, die ich im Haus verbringe, wandere ich in Gedanken auf den Wegen, die längst hinter mir liegen. Vor mir öffnen sich die Schichten des eigenen Ichs und die Seinsebenen anderer Menschen. Ich weile in Vergangenheit und Zukunft, fliege zu den Sternen und in die Tiefen des Weltalls, um die Rätsel des Universums zu erfassen. Wenn ich meine Handflächen über einen Patienten halte, meine Finger an seinem Körper entlangführe, lese ich aus der Fülle der Signale sein Leben ab, was ihm widerfahren ist und was ihm noch bevorsteht. Ich nehme das Glück auf, das dieser Mensch erlebt hat, und seine Schmerzen; jene, die vor Jahren erlitten wurden, und jene, die noch kommen werden und deren Herannahen ich dem Patienten verschweige.

Tausende fremder Leben sind durch mein Herz gegangen, ihr Schmerz wurde zu meinem Schmerz. Ich empfinde Genugtuung, daß es mir gelungen ist, viele Menschen von quälenden Leiden zu befreien, von Krankheiten des Körpers und der Seele. Um Kranken zu helfen, wirke ich bis zu zehn Stunden am Tag. Ich kenne kein freies Wochenende und keinen Urlaub. Ich arbeite bis an die Grenzen meiner Kräfte, unter vollem Einsatz der mir innewohnenden Energie. Ich bin der Verzweiflung nahe, wenn ich daran denke, daß ich aus Zeitmangel nur einer kleinen Gruppe Menschen Linderung oder Heilung verschaffen kann.

Die Kranken kommen zu mir, rufen mich an, es erreichen mich Briefe und Telegramme.

»Hilf mir, Dshuna...« Wenn mein Arbeitstag zu Ende ist, kommen die Freunde und bleiben oft bis um Mitternacht. Der Dichter Jewgeni Jewtuschenko stürzt herein, hochgewachsen und elegant, mit einem wie aus Elfenbein geschnittenen Gesicht. Sonst ironisch bis zum Sarkasmus, kann er bei mir scheu wie ein Reh sein. Er hat ein neues Gedicht geschrieben und ist eilig zu mir gekommen, damit ich ihm helfe, die innere Spannung abzubauen. Morgen wird er das Werk bei einer Lesung begeisterten Zuhörern vortragen. Er prahlt gerne damit, wie sehr das Publikum ihn mag. »Die Menschen hängen an meinen Lippen, Dshuna. Sie hören mir zu, egal, was ich ihnen vorlese, es kann auch ein Telefonbuch sein...«

Er gibt an, um seine Unsicherheit zu überspielen. Ich halte meine Hände über seinen Kopf und weiß nur allzu gut, daß er auf die erste Begegnung mit den Lesern des neuen Poems gespannt ist wie eine Mutter, die ihr erstes Baby bekommen hat. Mit einem Wort, Jewtuschenko ist, wie ein Dichter sein soll.

Es war an einem solchen Abend, im Kreis von Freunden, als der erfolgreiche Literat mir die Idee einpflanzte, ich solle ein Buch über meine Arbeit schreiben.

»Zu dir kommen viele berühmte Persönlichkeiten, Dshuna. Du mußt unbedingt über diese Begegnungen schreiben...« Er lächelte. »Was rede ich da? Du bist die Hauptperson bei der ganzen Sache und eine schöne Frau obendrein. Du sollst ein Buch über dich selbst schreiben.«

Ehrlich gesagt, ich habe lange gezögert, bevor ich mit der Niederschrift begann. Und das, obwohl ich schriftstellerische Erfahrungen habe. Ich habe eine große Zahl Gedichte, Texte zu Liedern und Science-fiction-Geschichten verfaßt und verlegt bekommen. Freunde versichern mir, daß ich eine gute Erzählerin bin. Warum also sollte mir kein Buch gelingen, dessen Thema ich selbst bin?

Das Hindernis war ich selbst. Ich erfand alle möglichen Ausflüchte.

»Mir fehlt dazu einfach die Zeit! Und wenn ich schnell etwas hinkritzele, dann wird das Buch schlecht und verworren sein.«

Aber meine Freunde ließen sich durch solche Scharmützel nicht beeindrucken. »Das Buch wird ein Spiegel deiner selbst sein, Dshuna. Es kann gar nichts schiefgehen.«

»Einverstanden«, erwiderte ich. »Ich habe wirklich viel zu erzählen. Aber ich muß erst die richtige Form finden. Ich weiß nicht, wo ich anfangen soll ...«

»Aber Dshuna! Stell dir einfach vor, du willst einem guten Freund die Geschichte deines Lebens erzählen.«

Der Vorschlag gefiel mir, und so ist dieses Buch entstanden. Ich habe es dem Freund erzählt, der in den schwersten Stunden meines Lebens bei mir gewesen ist; derjenige, mit dem ich heute meine Freuden und Leiden im Kampf für die Verwirklichung meiner Sache teile; derjenige, der meine Stimme in der fernen Zukunft hören wird.

Ich bin ein glücklicher Mensch, habe einen lieben Sohn, den zehn Jahre alten Wacho, er ist meine Freude und Hoffnung. Ich habe Verwandte, die sich rührend um mich kümmern. Ich habe ein gemütliches Heim mitten in Moskau, dessen Türen allen Freunden offenstehen. Journalisten und Schauspieler, Schriftsteller und Ärzte, Komponisten und Physiker, Regisseure und Sänger kommen zu mir. Die Begegnung mit ihnen ist für mich eine Art Universität. Und mit dem Beruf einer Heilerin habe ich auch eine BESCHÄFTIGUNG, die von einem hohen Sinn erfüllt ist, da sie im Dienste der Gesundheit jedes einzelnen Menschen und der Verlängerung seiner Lebenszeit auf Erden steht.

Der Preis für meine Gabe, anderen helfen zu können, ist die Überempfindlichkeit, unter der ich leide. Alles zu spüren, was um mich ist, bedeutet eine schwere Bürde. Schroff reagiere ich auf jede Ungerechtigkeit, auf die kleinste Beleidigung, die mir jemand zufügt. Wie ein Seismograph registriere ich die schwarzen Wellen der Mißgunst und des Neides, der Unwissenheit oder Ablehnung, alles Gefühle, die durch das Unverständnis für die Ziele begründet sind, für die ich mich aufopfere. Gegenüber negativen Strömungen bin ich besonders empfindlich an Tagen, an welchen ich von meiner Arbeit als Heilerin erschöpft und ohne Reserven bin. Dann kann es passieren, daß ich wie ein Vulkan explodiere.

»Ich habe es nicht nötig, mich in dieser Weise kränken zu lassen. Ich verschwinde! Morgen früh fliege ich zum Himalaja, und Wacho nehme ich mit.«

In solchen Augenblicken glaube ich selbst daran, daß ich morgen früh zwei Flugkarten kaufen und daß ich mit meinem Sohn ein zurückgezogenes Leben auf dem Gipfel der Welt beginnen werde. Niemand im Haus wagt es, mir zu widersprechen.

Auf einmal schrillt das Telefon. Aus der Muschel kommt die aufgeregte Stimme von Georgi Malartschuk, einem Schriftsteller und Journalist.

»Dshuna. Mein Sohn spielt Fußball. Hörst du, er spielt Fußball...«

Warum ist es so wichtig, daß der Junge Fußball spielt? Einen Monat vorher hatte Georgi seinen neunjährigen Sohn zu mir gebracht, weil ich ihn behandeln sollte. Der Junge konnte kaum noch gehen, sein linker Arm schien gelähmt, das Kind konnte den Hals nicht drehen, die Koordination der Bewegungen war gestört.

»Bitte, Dshuna, untersuche meinen Sohn. Die Ärzte haben eine schreckliche Diagnose gestellt – einen Gehirntumor. Der Befund wurde vom Computer bestätigt...«

Ohne Eile begann ich mit der Untersuchung des Kleinen. Ich registrierte aufmerksam die Signale, die von meinen Händen aufgefangen wurden. Kein Tumor! Ich wiederholte die Untersuchung, um sicherzugehen; dann sagte ich zum Vater meines kleinen Patienten: »Die Ärzte haben sich geirrt. Die Computerdaten sind falsch ausgewertet worden. Es gibt keinen Tumor. Ich finde nur eine partielle Beschädigung der Wirbelsäule und den Beginn einer multiplen Sklerose ...«

Und jetzt der Anruf aus Kischinjow, Hauptstadt der moldauischen Sowjetrepublik. Entwarnung. Meine Freunde sehen an meinem Gesicht, daß das Gewitter vorüber ist. Keine Reise in den Himalaja mehr. »Artjom«, sage ich zu einem Freund, »laß uns die Kassette mit der Behandlung des kleinen Malartschuk ansehen.«

Ich habe mir einen Videorecorder gekauft, um den Kampf für meine Sache besser führen und um den Verlauf einer Krankheit sowie die Genesung von Tag zu Tag aufnehmen zu können. Das Datum und die Uhrzeit jeder Sitzung werden in einer Zeile am unteren Rand des Bildschirms angezeigt. Das Leben hat mich gelehrt, daß die Wahrheit belegt, bewiesen und dokumentiert werden muß. Deshalb der Videorecorder, der zum Beispiel solche wichtigen Kleinigkeiten wie die Dauer einer Sitzung aufzeichnet.

Es war am 13. Juni 1985, als ich die fünfte

Sitzung mit Georgis Sohn durchführte. Zum Schluß der Behandlung forderte ich den Kleinen auf, beide Hände gleichzeitig zu heben.

Mir selbst kam es wie ein Wunder vor. Die kleinen Hände schnellten in die Höhe, und der Junge, der noch während der zweiten Sitzung vor Schmerz geweint hatte, lächelte über das ganze Gesicht. Sein Vater warf sich vor mir auf die Knie, ich hob ihn wieder auf. Georgi konnte die Tränen nicht zurückhalten und wollte es auch nicht. Sein Sohn war geheilt!

Es macht mir Spaß, mir nach einer Behandlung die Videokassette anzusehen, die ich aufgenommen habe. Das Gerät ermöglicht es mir, mich wie eine Fremde zu beobachten. Natürlich gibt es auch Dinge, die mich an einer Videoaufzeichnung stören; etwa wenn meine Frisur durcheinander ist. Und dann ist da meine Nase, die ich nicht besonders hübsch finde. Bitte, lächeln Sie nicht über mich. Ich bin eine Frau und möchte so hübsch aussehen wie möglich...

Als ich dieses Buch schrieb, habe ich versucht, mich wie eine Fremde zu beobachten. Man kann seine eigene Arbeit besser einschätzen, wenn man sich mit den Augen anderer Menschen sieht.

Lassen Sie mich beschreiben, was auf einer solchen Videokassette zu sehen ist. Eine dunkelhaarige Frau (das bin ich!) nähert sich einem Kranken, der an einem trophischen

Geschwür leidet. Der Verband wird entfernt, und die Frau bewegt ihre Finger behutsam über dem Geschwür, ohne es zu berühren. Unter den Blicken der Anwesenden trocknet das Geschwür aus. In fünf Minuten bildet sich an seiner Stelle ein dünnes, rosiges Gewebe, die Epidermis.

Eine andere Kassette: Amerikanische Wissenschaftler sind zu sehen, die vor einer schwarzhaarigen Frau (wieder Dshuna!) sechs Umschläge mit unbelichteten Umkehrfarbfilmen auslegen. Die Frau soll auf das sich in drei Umschlägen befindende Filmmaterial mit ihren Händen einwirken, die drei anderen Umschläge sind nur zum Vergleich bestimmt. Nachdem die Frau ihre Hände über die drei Umschläge gehalten hat, ist der Film belichtet. Aber das ist noch nicht alles. Nach der Entwicklung wird man auf den drei Filmen weiße, rote und blaue Felder finden und einen hellen Fleck in der Mitte, der einer Sonne ähnelt.

Es sieht alles sehr leicht aus, aber ich versichere Ihnen, es ist nicht leicht. Als ich meine Arbeit als Heilerin begann, ahnte ich nicht, wieviel Mühe und Energie notwendig sind.

Viele Wissenschaftler haben mich bei der Arbeit beobachtet, darunter solche, die in der Sowjetunion und im Ausland gut bekannt sind. A.G. Spirkin, Mitglied der Akademie der Wissenschaften der UdSSR, sagte vor einigen Jahren: »Die moderne Wissenschaft betrachtet mit großer Aufmerksamkeit die diagnostischen und therapeutischen Maßnahmen, die auf eine Korrektur des Biofeldes der Patienten hinzielen. Was Dshuna Dawitaschwili macht, ist äußerst interessant, und das nicht nur für die medizinische Wissenschaft und Praxis. Dshuna erzielt hervorragende Resultate bei der Erkennung und Heilung von Krankheiten. Ihre Methode besteht in der Beeinflussung physikalischer Prozesse durch ihr eigenes Biofeld. Die Frequenz ihres Biofeldes ist höher als bei anderen Menschen.«

Ich habe das Mitglied der Akademie der Wissenschaften nicht zitiert, um mir selbst Lob zu spenden, sondern um eine Gegenstimme zu kritischen Äußerungen anderer Akademiker und Professoren zu haben.

»Dshuna heilt durch Suggestion. Über eine besondere Energieform verfügt sie nicht.«

Andere Wissenschaftler stießen in das gleiche Horn:

»Alle fernwirkenden Felder, die auf die Materie einwirken, sowohl elektromagnetische, akustische und Gravitationsfelder, sind der Physik bekannt. Felder, die sich mit unseren Meßgeräten nicht registrieren lassen, können wissenschaftlich keine Anerkennung finden.«

Ich möchte den kritischen Geistern einige Fragen stellen. Niemand wird abstreiten, daß es die Phänomene der Hypnose und der Suggestion gibt. Und nun meine Fragen: Mit welchen Instrumenten lassen sich die Intensität der Hypnose oder der Suggestion messen? Was für ein Feld ist für das Zusammenwirken eines Mediums mit der Materie verantwortlich? In welchem der fernwirkenden Felder befindet sich ein Hund, der seinen Herrn auf eine Entfernung von mehreren Hundert Kilometern wiederfindet? Mit Hilfe welcher elektromagnetischer oder akustischer Wellen spürt eine Mutter, daß ihrem Sohn in einer weit entfernten Stadt ein Unglück passiert ist?

Ich könnte noch mehrere solcher Fragen anfügen, möchte mich jedoch mit diesen bescheiden. Die Mehrzahl der von den Menschen entwickelten Geräte dient dazu, den Gesichts- bzw. den Gehörsinn zu verstärken. Bedeutet das etwa, daß wir unseren Augen und Ohren, diesen vollkommenen Instrumenten, die uns von der Natur verliehen wurden, nicht mehr trauen können?

Inzwischen ist eine Reihe der Instrumente, deren Fehlen mein gelehrter Kritiker noch beanstandete, entwickelt worden, und sie werden ständig vervollkommnet. Es sind Geräte, mit denen sich die physikalischen Felder biologischer Objekte registrieren lassen. Während meiner Experimente in medizinischen Institutionen wurden solche Geräte eingesetzt, sie bewiesen meine Einwirkung sowohl auf Tiere als auch auf Menschen. Über das Wesen der Experimente und über meine

Zusammenarbeit mit Physikern und Ärzten werde ich an anderer Stelle dieses Buches ausführlich eingehen.

Die Macht meiner Hände – Ich habe den Titel dieses Buches ohne lange Überlegung gewählt. Es ist die Kraft, welche aus meinen Händen fließt, die das Wesen meiner Methode für Erkennung, Heilung und Vorbeugung von Krankheiten ausmacht. Heilung durch Handauflegen oder mit Hilfe der kontaktlosen Massage wurde im Altertum in den verschiedensten Ländern der Welt praktiziert.

Ich habe keine Mühe gescheut, die Heilarten, die es gibt, zu erforschen. Die Erfahrungen, die ich mir im Laufe meiner langjährigen Heilpraxis aneignen konnte und die Erfolge, die ich erzielte, erlauben es mir, von einer eigenen Methode zu sprechen. Ich bin davon überzeugt, daß nicht nur Menschen wie ich, die über eine erhöhte Sensibilität verfügen, nach dieser Methode behandeln und heilen können, sondern ebenfalls eine Vielzahl von Ärzten mit ganz normalen Voraussetzungen. Noch größer ist die Zahl der Menschen, die meine Methode bei der Prophylaxe, der Vorbeugung gegen Krankheiten, anwenden können.

Ich glaube, daß die Prophylaxe nach meiner Methode zum wichtigsten Mittel überhaupt im Kampfe des Menschen gegen Krankheiten und für die Verlängerung des Lebens jedes einzelnen werden kann. In einem russischen Sprichwort ist die Rede von einer hundertjährigen Zeitspanne, die einem Menschen auf Erden zusteht. Bis jetzt erreichen nur sehr wenige Menschen dieses Alter. Was ich gerade gesagt habe, ist mehr als eine Hoffnung, es ist meine feste Überzeugung. Meine Heilmethode wird von den Physikern als »Phänomen D« bezeichnet. Hinter dem geheimnisvollen Buchstaben verbirgt sich mein Name. Ich sehe es als meine Aufgabe an, meine Methode so schnell wie möglich breiten Kreisen der Ärzteschaft zugänglich zu machen.

Bei der Diagnose arbeite ich eng mit den Ärzten zusammen. Ich beginne, indem ich den Kranken untersuche. Sobald die Krankheit lokalisiert ist, beispielsweise eine Funktionsstörung eines bestimmten inneren Organs, überweise ich den Patienten zu einem Arzt oder in ein Krankenhaus, wo alle notwendigen Tests und Analysen vorgenommen werden. Die eigentliche Heilbehandlung beginne ich erst, wenn ich über die Daten der Ärzte verfüge. Eine solche Kontrolle bei der Diagnostizierung von Krankheiten ist unabdingbar, um Fehler zu vermeiden. Mir sind zwar bisher kaum Irrtümer unterlaufen, trotzdem bezeichne ich meine Diagnosen als vorläufig und lasse sie von Ärzten bestätigen. Ähnlich sollte jeder Heilkundige vorgehen, der Kranke nach meiner Methode behandelt.

Was ist das für eine Diagnose, die Dshuna

vornimmt? Ich halte meine Hände über die erkrankte Stelle und registriere mit gespannter Aufmerksamkeit die Signale, die zu meinen Fingern und Handflächen strömen. Sie wissen vielleicht, daß es von Wissenschaftlern entwickelte Geräte gibt, mit denen sich die Signale, die von den Himmelskörpern kommen, auffangen lassen. Diese Apparate wurden von menschlichen Gehirnen ausgedacht und von Menschenhänden gebaut, sie wurden von Individuen geschaffen, von denen jedes einzelne einen vernunftbegabten Planeten, ja ein ganzes Universum darstellt. Wenn ich einen Kranken behandle, fühle ich mich wie ein Planet, ich empfange die Signale, die ein anderer Planet aussendet, und diese Signale sind für mich so real wie Morsezeichen für einen Funker. Es ist nicht meine Schuld, daß die Technologie, was die Aufzeichnung von Biosignalen betrifft, noch in den Kinderschuhen steckt. Vielleicht ist es notwendig, Skeptiker daran zu erinnern, daß viele Meßgeräte, die heute zum technologischen Alltag gehören, erst vor wenigen Jahrzehnten erfunden wurden. Ich bin sicher, daß in absehbarer Zukunft die Biosignale, die von einem Menschen zum anderen strömen, von speziell entwickelten Geräten registriert und auf Band aufgenommen werden können. Ebenfalls wird es Apparaturen geben, mit denen wir solche Aufzeichnungen entziffern und für Diagnose und Therapie auswerten können.

Meine Instrumente sind meine Hände, die für Biosignale besonders empfindlich sind. Wenn ich meine Hände über den Kranken halte oder sie an seinem Körper entlangführe, registrieren meine Fingerspitzen die Wellen oder Strömungen, die dieser Mensch aussendet. Ich verspüre Wärme oder Kälte, starke oder schwache Signale, manchmal auch solche, die sich wie stählerne Nadeln in meine Hände bohren. In langjähriger Praxis habe ich gelernt, nach der Frequenz, Stärke und Art der Signale die Quelle zu bestimmen, von der die Impulse ausgehen; mit anderen Worten, das erkrankte Organ zu lokalisieren und das Entwicklungsstadium der Krankheit zu diagnostizieren.

Während ich heile, lausche ich meinen Händen, so wie andere Menschen einer Unterhaltung zuhören. Ich habe im Laufe der Jahre Heilmethoden für viele Krankheiten entwikkelt. Ich habe es gelernt, die Dauer einer Sitzung genau zu dosieren sowie die Aufeinanderfolge von Sitzungen so zu planen, daß der bestmögliche Effekt für den Patienten erzielt wird.

Ich werde an anderer Stelle des Buches auf die zahlreichen Krankheiten eingehen, die ich geheilt habe. Im voraus möchte ich sagen, daß ich alle Heilergebnisse mit der Kraft meiner Hände erzielt habe. Ich wirke auf die Patienten mit Signalen ein, die aus meinen Fingern strömen und die ich in den meisten Fällen dem Kranken übermittle, ohne seinen Körper zu berühren. Während ich meine Hände bewege, strömt die Energie, die jedem menschlichen Körper innewohnt, in den Kranken. Das Blut des Patienten wird erwärmt, der Kreislauf gestärkt. Ich muß hier erklären, daß die Korrektur eines Biofeldes auf Kosten der inneren Reserven geht, über die der Kranke verfügt. Meine Aufgabe dabei ist ganz einfach. Ich gebe den ersten Impuls und ich sorge dafür, daß sich der Prozeß nach einer gewissen Systematik abspielt. Ich werde versuchen, in den folgenden Kapiteln des Buches eine wissenschaftliche Beschreibung dieser Vorgänge zu geben.

Für das Verständnis meiner Erfolge scheint mir wesentlich zu sein, daß Diagnose, Heilung und Prophylaxe bei meiner Methode untrennbar miteinander verbunden sind. So beginnt die Heilung schon während der ersten Sitzung, die eigentlich der vorläufigen Diagnose gewidmet ist. Und während ich Krankheiten heile und auf bestimmte Organe des Patienten einwirke, indem ich den Mikrokreislauf des Patienten verstärke, setzt bereits die Prophylaxe gegen andere mögliche Erkrankungen ein.

Auf die Einbeziehung der Prophylaxe in die Heilbehandlung lege ich ganz besonderen Wert. Wenn wir diese Methode erst einmal beherrschen, brauchen wir uns um viele Krankheiten, die heute noch wie ein dunkler Schatten über der Menschheit schweben, keine Sorgen mehr zu machen. Wir werden dann imstande sein, den Stoffwechsel der Menschen zu kontrollieren und zu normalisieren, die Schlacken aus seinem Körper zu entfernen. Die prophylaktische Methodik wird es uns auch ermöglichen, die Alterungsprozesse in den Zellen zu bremsen, die Abwehrfunktion im Körper des Menschen zu stabilisieren und das Immunsystem, das für die Gesundung ausschlaggebend ist, zu mobilisieren. Wir werden imstande sein, viele schreckliche Krankheiten abzuwehren, die heute noch unbesiegbar sind.

Ich glaube mit der ganzen Leidenschaft meines Herzens daran, daß dies noch während meiner Generation Wirklichkeit wird, noch in diesem Jahrhundert. Es ist der Glaube, der mir die Kraft für den schwierigen Weg verleiht, den ich gewählt habe...

Ich will Ihnen jetzt erzählen, wie ein einfaches assyrisches Mädchen zu »Dshuna« wurde, zu einer Heilerin, deren Name in der ganzen Welt bekannt ist.

2. Kapitel

Der Sternenbrunnen

Wer bin ich? Woher komme ich? Wohin gehe ich?

Meine Wurzeln gründen in einer Kultur, die vor dreitausend Jahren im Norden des heutigen Iran existierte, bei den Assyrern. Was weiß man über die Assyrer? In den Schulbüchern wird beschrieben, wie die Krieger jenes Volkes mit Hilfe von aufgeblasenen Säcken, die sie aus Tierhäuten fertigten, reißende Flüsse überwanden. Die Assyrer waren harte und mutige Krieger, die Städte und Völker unterwarfen. Sie sind meine Vorfahren. Das streitlustige Temperament, das manche Freunde an mir zu beobachten glauben, habe ich wohl von ihnen geerbt.

Das alte Assyrien wurde jedoch nicht nur durch seine Krieger berühmt. In Babylon und Ninive wirkten hervorragende Mathematiker, Astronomen und Ärzte, nicht zu reden von den genialen Baumeistern. Die Hängenden Gärten der Semiramis zählen zu den Sieben Weltwundern. Hoffen wir, daß von der assyrischen Königin, die dem Wunder den Namen gab, jener unermüdliche Schaffensdrang auf mich übergegangen ist, der mehr aufbaut, als alle Kritiker zerstören können...

Ich bin im alten Babylon, mitten im Gewühl eines lärmenden orientalischen Basars. Ein Mensch, den ich kenne, kommt mir entgegen, er erkennt mich auch. Er ist ein Sterndeuter, und was sich jetzt zwischen uns beiden entspinnt, geschah vor 3000 Jahren. Sie können mir glauben, daß ich mir das nicht nur ausgedacht habe. Ich erinnere mich daran, als hätte es sich erst gestern ereignet.

Meine Vorfahren mütterlicherseits lebten Anfang des vorigen Jahrhunderts am Ufer des Urmiasees im Iran. Die Assyrer waren schon in den ersten Jahrhunderten unserer Zeitrechnung zum Christentum übergetreten, mutig hielten sie den Angriffen des Islam stand. Es war im Verlauf des neunzehnten Jahrhunderts, als meine Vorfahren nach Rußland, und zwar nach Armenien, übersiedelten. Zusammen mit anderen Siedlern gründeten sie unter der Sowjetmacht im Kubangebiet ein assyrisches Dorf, das sie Urmia nannten. In diesem Dorf wurden Sitten und Gebräuche gepflegt, die aus uralten Zeiten übernommen worden waren. Jedesmal, wenn ich heißes Wasser ausgieße, sage ich: »Schimy Allah!«, das heißt »In Gottes Namen«. Mit diesen Worten warne ich die unsichtbaren Wesen, die sich im Raum befinden, vor dem heißen Wasser, ich beweise ihnen damit, daß ich an sie denke. Meine Eltern haben es mir so beigebracht.

Unsere Toten durften nicht seziert werden, weil das bei den Assyrern nicht üblich war. Verstorbene dürfen nicht in ihrer Ruhe aufgestört werden. In Babylon und Ninive war es nicht einmal den Ärzten erlaubt, Leichen zu sezieren. Ihre anatomischen Kenntnisse erwarben die Heilkundigen jener Kultur auf dem Schlachtfeld.

Im alten Mesopotamien, auf dessen Boden sich die Assyrer angesiedelt hatten, genossen die Ärzte hohes Ansehen, sie standen unter der Schirmherrschaft des Heilgottes Ningischzidd. Der Gott wurde als Schlange dargestellt, die sich um einen Stab windet, das Zeichen des Äskulap, das noch heute als Symbol für die Heilkunde gebräuchlich ist. Auch anderen Göttern des assyrisch-babylonischen Pantheons wurden Heilkräfte zugeschrieben, vor allem der Göttin Bau, die das Leben erschaffen hatte. Es hieß, daß die Göttin kranke Menschen durch Handauflegen heilen konnte. Ich erinnere mich, daß es in meiner Familie Frauen gab, die zur Göttin Bau beteten...

Die assyrische Vergangenheit hat sich mir durch meine Urgroßmutter erschlossen, die über hundert Jahre alt geworden ist. Wie durch einen Nebel sehe ich sie, wie sie Menschen mit einem Zweig heilt. Sie bewegt den

Zweig über dem Kranken und flüstert Worte, die ich nicht verstehen kann. Wie ich sie bewundere! Ich kann viele Krankheiten bannen, aber es gelingt mir nicht, einen Bruch zu heilen, ein Kunststück, das meiner Urgroßmutter keinerlei Schwierigkeiten bereitete. Ihre Tochter, die heute noch lebt, hat die Gaben geerbt, sie heilt Brüche durch Handauflegen. Ich sollte endlich die Zeit finden, nach Urmia zu fahren. Ich will Großmutter zusehen, wie sie Brüche heilt. Was meine Mutter angeht, sie hat keine Heilkräfte.

Von meinen Vorfahren väterlicherseits weiß ich eigentlich nur, daß sie von den Ufern des Urmia-Sees stammen. Mein Vater, Juwasch Sardis, war vor dem Krieg aus dem Iran in die Sowjetunion gekommen. Hier lernte er meine Mutter kennen, heiratete sie und wurde in Urmia seßhaft. Er arbeitete sein Leben lang auf einer Kolchose.

In jedem Kind sind die Charakterzüge von Vater und Mutter vereint. Meine Verwandten behaupten jedoch, ich sei die Kopie meines Vaters. Meine Mutter hat mich immer für ein seltsames Geschöpf gehalten. Sie tadelte mich wegen meiner Zornesausbrüche und bestrafte mich oft. Ich kann mich nicht erinnern, daß mein Vater mich je bestraft hat. Er liebte mich über alles in der Welt. Er erzählte mir, daß ich seiner Schwester ähnele, die als Kind einen tödlichen Unfall erlitt. Sie war in einen Tandyr gefallen, so nennt man die offene Feuerstelle, die auf dem Hof angelegt wird.

Mein Vater konnte die Zukunft voraussagen. Einmal, als er mit Freunden beim Essen saß, sagte er plötzlich, daß er früher als sie alle sterben würde. Es klang ernst und traurig. Die Freunde glaubten ihm nicht, sie waren alle älter als er. Aber die Prophezeiung meines Vaters traf ein, er starb im Alter von nur zweiundfünfzig Jahren.

Mein Vater hat mich verstanden wie kein anderer Mensch. Als ich erfuhr, daß ich von einigen Bewohnern meines Dorfes als »Schidda«, als Hexe, verunglimpft wurde, drohte ich meinen Eltern, daß ich von zu Hause weglaufen würde. Mein Vater hat mich getröstet, er hat mich zum Bleiben bewogen. Ich erinnere mich, wie mein Vater und ich eines Abends unter dem Sternenhimmel saßen. Er erzählte mir von den rätselhaften Dingen, die sich im Universum ereignen. Damals, unter den großen, warmen Gestirnen des Südens, fühlte ich zum ersten Mal, daß ich zur gleichen Zeit auf der Erde und auf tausend anderen Planeten existiere.

Ich war noch ein Kind, als meine Familie mich eines Nachts aufweckte und mir Fragen stellte. Wie ich später erfuhr, wurden die Antworten, die ich im Halbschlaf gab, gedeutet und wie eine Offenbarung angenommen. Ich weiß bis heute nicht, warum die Familie meinen Worten in jener Nacht so große Bedeutung beimaß. Ich erinnere mich noch sehr genau an ein anderes Ereignis. Ich war fünf oder sechs Jahre alt und wachte auf, weil ich meine Mutter mit einer anderen Frau reden hörte. Sie sagte ihr, ich sei noch ein Kind, in der Nacht zuvor hätte ich bereits alles ausgesprochen, was jene wissen wollte, die Frau solle mich deshalb ruhig schlafen lassen. Aber die Besucherin bestand darauf, daß man mich aufweckte. Meine Mutter wurde zornig und schrie: »Er wird nicht fortgehen! Sie hat doch ausdrücklich gesagt, daß er nicht fortgeht!« Das Gespräch zwischen den beiden blieb mir in guter Erinnerung. Erst viel später erzählte man mir, daß unsere Besucherin mit einem Freund meiner Tante verheiratet war. Ihr Mann hatte sich in eine andere Frau verliebt, und sie lebte in der Angst, daß er die Familie verlassen würde. Aber der Mann blieb bei ihr, wie ich es vorausgesagt hatte.

An noch etwas erinnere ich mich. Mein Vater litt an Ischias, er war bettlägerig. Meine Mutter sagte ihm, er solle sich auf den Bauch legen, dann hob sie mich hoch und stellte mich barfuß auf Vaters Rücken. Plötzlich spürte ich, daß meine Fersen wie Feuer brannten. Ich hatte große Angst. Schließlich fühlte ich, wie meine Füße sich abkühlten, und dann hörte ich meinen Vater vergnügt sagen, jetzt hätte er keine Beschwerden mehr. Ich war damals noch sehr jung und verstand nicht, was geschehen war. Erst später habe ich erfahren, daß ich meinen Vater vom Ischias geheilt hatte.

Ich war zehn Jahre alt, als mir beim Spielen die Warzen am Handrücken meiner Freundin auffielen. Ich berührte die kleinen Erhebungen mit der Hand. Wenige Tage nach der Berührung nahmen die Warzen eine blaue Farbe an, begannen zu schrumpfen, verfärbten sich weiß und fielen ab. Damals war ich über das Ereignis genauso erstaunt wie meine Freundin. Wenn sich heute ähnliche Phänomene unter der Einwirkung meiner Hände ereignen, wundere ich mich nicht mehr.

Ich gehe spät zu Bett und stehe sehr spät auf, das war schon in meiner Kindheit so. Wenn mich meine Mutter damals zu Bett brachte, tat ich nur so, als würde ich schlafen. Die Nacht ist meine Zeit. Natürlich gab es regelmäßig Probleme, wenn ich früh aufstehen sollte. Meine Mutter brauchte immer ziemlich lange, bis sie mich wach hatte. Schließlich schickte sie mich, verschlafen wie ich war, mit dem Ranzen auf dem Rücken in die Schule.

Einmal versteckte ich mich in einem Heuschober, um nicht zur Schule gehen zu müssen. Meine Mutter fand mich, zog mich heraus und verabreichte mir eine Tracht Prügel.

In den warmen Sommernächten, wenn alle im Hause schliefen, schlich ich mich hinaus und lief zu meinen Freundinnen und Freunden. Ich klopfte mit dem verabredeten Zeichen an ihre Fenster und führte sie zum Pferdestall der Kolchose. In solchen Nächten erzählte ich meinen Freunden wunderschöne Geschichten, die ich mir selbst ausgedacht hatte.

Eines Nachts gelang es mir, meine Freunde davon zu überzeugen, daß in Kürze ein Erdbeben stattfinden würde. »Die Bäume werden stürzen, ihre Wurzeln werden in den Himmel ragen, die Mauern der Häuser werden zerbröckeln. Haltet euch an den Händen fest! Legt euch auf den Boden nieder...« Alle stürzten zu Boden, einige weinten. Ich selbst glaubte daran, daß die Erde beben würde, ich sah die fallenden Bäume, spürte das Zittern des Bodens unter meinen Füßen und wußte nicht mehr, wo oben und unten war. Es war, als stünde ich auf einer rotierenden Scheibe.

Nach solchen Ausflügen ins Unwirkliche kehrte ich nur sehr ungern auf die Erde zurück.

Ich war zehn, als ich zum ersten Mal an der Grenze zwischen Leben und Tod stand. War es eine Vorbestimmung, daß ich schon in früher Jugend ein so einschneidendes Erlebnis hatte? Kann ein zehnjähriges Kind verstehen, wozu den Menschen das Leben gegeben ist? Ich werde den Tag nie vergessen.

Mein kleiner Bruder spielte vor dem Haus. Meine Mutter hatte mir aufgetragen, auf ihn aufzupassen. Aber das wurde mir bald zu langweilig. Ich sagte meinem Bruder, er solle sich vom Brunnen fernhalten, damit er nicht hineinfalle, und ging ins Haus. Ich war nur wenige Schritte gegangen, als ich einen Schrei hörte, der aus dem Brunnenschacht zu kommen schien.

Ich lief zum Brunnen hinaus und sah meinen kleinen Bruder, der in den Brunnen gefallen war und um sein Leben kämpfte. Kopfüber sprang ich ihm nach, tauchte unter ihn und stemmte meine Arme gegen die Brunnenwände. Es gelang mir, den Kleinen aus dem Brunnen herauszuschleudern. Der Schacht war sehr tief und bis zum Rand mit Wasser gefüllt. Ich hatte alle meine Kräfte für die Rettung meines Bruders verausgabt und konnte mich nicht mehr an der Oberfläche halten. Ich spürte, wie ich immer tiefer sank, wie ich mit Kopf und Armen an die Brunnenwände schlug. Dann kam eine unwirkliche Ruhe über mich. In einem willenlosen Zustand schwebte ich dem Grund des Brunnens entgegen.

Ich habe keine Erklärung für die Dinge, die dann geschahen. Ich weiß, daß Sauerstoffmangel zu Halluzinationen führen kann. Aber es wäre auch möglich, daß mein Erlebnis keine Halluzination war...

Der Brunnen hatte keinen Boden. Nachdem ich einige Zeit im Wasser geschwebt war, tat sich der Himmel vor mir auf. Ich flog dahin zwischen funkelnden Sternen. Das Erlebnis hinterließ bei mir einen so starken Eindruck, daß ich einige Jahre später ein Gedicht darüber geschrieben habe. Als ich wieder zu mir kam, stand ich am Brunnenrand, umringt von den Dorfbewohnern. Alle machten verwunderte Gesichter. Mein älterer Bruder Wolodja war da, er starrte mich an wie eine Erscheinung. »Sie lebt, sie lebt.« Plötzlich schrie jemand neben mir: »Sie ist eine Hexe! Jetzt habt ihr's selbst gesehen, daß sie hexen kann!« Ich lief weg. Bis in die späte Nacht hinein hielt ich mich bei den Nachbarn versteckt. Erst als es dunkel wurde, kehrte ich in mein Elternhaus zurück.

Meine Mutter hat mir später erklärt, warum die Leute so reagierten. Niemand außer mir hatte gesehen, wie mein Bruder in den Brunnen stürzte. Als meine Mutter seine Hilfeschreie hörte, war sie nach draußen gelaufen. Sie fand meinen Bruder pitschnaß und prustend am Brunnenrand vor. Sie trug den Dreijährigen ins Haus, beruhigte ihn und zog ihn um. Erst dann erzählte er ihr, daß ich noch im Brunnen war. Es war dann mein älterer Bruder, der mich herauszog.

Man legte mich auf die Erde. Als sie mit der Mund-zu-Mund-Beatmung beginnen wollten, sprang ich auf die Beine. Das Erstaunen war groß. Niemand konnte verstehen, wie ich so lange hatte unter Wasser bleiben können, kein Wasser geschluckt hatte und überhaupt noch lebte; es gab keine Erklärung dafür.

Zu jener Zeit begann ich, mir Prüfungen aufzuerlegen. Während eines harten Winters stand ich um drei Uhr nachts auf und schlich mich aus dem Haus. Ich hatte einen Onkel, Iwan Jakubow, der etwa zwanzig Kilometer entfernt in der Siedlung »Helle Morgenröte« lebte. Ich war noch nie dort gewesen, wußte nur ungefähr die Richtung, wo die Siedlung lag. Die Prüfung bestand darin, daß ich mutterseelenallein durch die finstere Nacht gehen mußte. Ich wollte herausfinden, ob ich meine Angst vor der Dunkelheit überwinden konnte.

Ich war leicht angezogen, hatte nur einen kurzen Mantel und Schuhe aus Segeltuch an. Trotzdem war mir nicht kalt. Der Weg führte zuerst durch die Steppe, dann durch einen Wald. Der Himmel war mit Sternen übersät. Deutlich erkannte ich den Großen Bären, von dem mein Vater mir erzählt hatte, daß er das Symbol für ein Geheimnis ist, das die Menschen nie erraten werden. Von meinem Vater weiß ich auch, daß dieses Sternbild dem ersten Buchstaben des hebräischen Alphabets, dem »Aleph«, ähnelt.

Ich ging in Gedanken, bis ich ein furchtbares Geräusch vernahm. Meine Füße wurden schwer wie Blei, es war, als hätte sich eine dunkle Wolke auf mich herabgelassen. Kennen Sie das Geräusch, wenn ein Hund an frischem Fleisch zerrt und seine Reißzähne auf den Knochen treffen? Als ich näher kam, sah ich die Hunde, die abseits der Straße standen, ich war noch etwa dreißig Meter von ihnen entfernt. Als ich genau hinschaute, wußte ich, daß meine schlimme Ahnung Wirklichkeit geworden war. Es waren Wölfe, die mich böse anstarrten, ihre Mäuler von der soeben geschlagenen Beute hochhebend.

Ich wußte noch nicht, daß die Wölfe einen Jungen aus unserem Dorf zu Tode gehetzt hatten. Der Vater dieses Kindes war geisteskrank, und der Junge war aus dem Haus geflohen, um den Wutausbrüchen des Verrückten zu entgehen... Zitternd vor Angst schlich ich mich an den Wölfen vorbei. Die Tiere rührten sich nicht. Ich ging weiter, ohne mich noch einmal umzublicken.

Vor lauter Aufregung habe ich mich in jener Nacht verirrt und die Siedlung erst im Morgengrauen gefunden. Als ich mich dem Hause meines Onkels näherte, dachte ich mir eine kleine Geschichte aus. Ich erzählte ihm, daß mich meine Eltern mit einem vorbeifahrenden Wagen zu ihm geschickt hätten. Natürlich wurde meine Geschichte bald als Lüge entlarvt. Ich wurde ausgeschimpft. Wie immer verzichtete mein Vater darauf, in den Chor meiner Kritiker einzustimmen. Ich bin traurig, daß mein Vater so früh gestorben ist. Es war an einem Tag im Sommer des Jahres 1961, als er sich schlafen legte und nicht mehr aufwachte. Er war zweiundfünfzig, als er von mir ging, ich war damals erst elf Jahre alt.

Wir Kinder schliefen im Sommer in einem kleinen Anbau, der im Hof meines Elternhauses errichtet worden war. Es war in einer Nacht, etwa um drei, als ich von einem dumpfen Klopfen an der Tür aufwachte. Schreiend fuhr ich hoch: »Wer ist da?« Die Stimme meines Vaters antwortete: »Ich.« – »Ach so, du bist es«, murmelte ich. Ich ging zur Tür und öffnete. Draußen war niemand. Wenige Tage später ordnete meine Mutter an, daß ich bei ihr schlafen solle. Sie stellte mein Bett so, daß ich über sie hinwegklettern mußte, wenn ich aufstehen wollte. Ich wehrte mich gegen diese Anordnung, aber meine Mutter setzte sich durch. Ich gab nicht auf. Ich stritt so lange, bis sie mir den Sinn der Anordnung erklärte. Sie fragte mich: »Wo gehst du eigentlich hin, wenn du nachts aufstehst?« Ich wußte keine Antwort auf diese Frage. Da erklärte mir meine Mutter, daß ich Schlafwandlerin sei. Einmal sei sie mir gefolgt. Sie hatte gesehen, wie ich das Haus verließ und mich auf eine Bank setzte, die neben dem Hoftor stand. Ich saß eine Weile da und dann begann ich in einer fremden Sprache zu sprechen. Meine Mutter war erschrocken, sie konnte sich das nicht erklären. Erst nach langem Zögern sprach sie mich an. Sie fragte mich, mit wem ich mich unterhielte. Ich antwortete ihr: »Siehst du denn nicht den alten Mann? Das ist unser Vater in einer anderen Gestalt...«

Was meine Mutter mir von den Ereignissen

in jener Nacht erzählte, löste bei mir grenzenlose Verwunderung aus, denn ich konnte mich an nichts erinnern. Ich wußte nur, daß mein Vater mir jedesmal erschien, wenn ich in Schwierigkeiten steckte. Ich brauchte nur zu rufen: »Vater, komm!«, und er war da.

Das ist heute noch so. Manchmal höre ich nur die Stimme meines Vaters, dann wieder erscheint er mir selbst, und wir sprechen miteinander, für andere unhörbar. Oft trägt er ein durchscheinendes, silbern glänzendes Gewand. Wenn ich nicht weiß, wie ich meine Hände während der Therapie halten soll, führt er mir vor, was ich zu tun habe. Meine Hände sind eine Kopie seiner Hände. Mein Vater hatte die gleichen schmalen, langen Handflächen, die gleichen wohlgeformten Finger.

Ich bin viel kritisiert worden wegen meiner Neigung zur Mystik, und ich finde das ungerecht. Was ich tue, ist viel einfacher, als die Menschen es sich vorstellen, und viel komplizierter zugleich. Ich bin nicht die einzige auf der Welt, die im Traum oder in der Wirklichkeit Bilder sieht, Visionen, die nach vielen Jahren wiederkehren, so daß ich mich mit dem Gedanken quäle: Hast du das schon einmal gesehen oder nicht? Wir wissen sehr wenig über die Möglichkeiten unseres Körpers und über die Energie, die jedem Menschen innewohnt. Noch weniger wissen wir über die Seele, über unser Bewußtsein und Unterbewußtsein. Es stimmt, daß ich über eine reiche Phantasie verfüge und in meiner Freizeit phantastische Erzählungen schreibe. Aber das ist noch kein Grund, meine Erlebnisse ins Reich der Phantasie zu verweisen. Kann irgend jemand auf der Welt sagen, wo genau die Grenze zwischen Wirklichkeit und Utopie verläuft? Und wer weiß, ob diese Grenze nicht eines Tages aufgehoben wird?

Nach dem Tode meines Vaters neigte sich auch das Leben meiner Mutter dem Ende zu. Nur ein Jahr war vergangen, als sie uns Kinder um sich sammelte und uns sagte, daß sie zu unserem Vater gehe. Sie hätte uns alles gegeben, was sie konnte, er bräuchte sie jetzt mehr als wir. Sie starb wenige Tage nach dieser letzten Zusammenkunft.

Damit war meine Kindheit beendet. Der Lebensweg, der jetzt vor mir lag, war wie ein Labyrinth. Hinter mir sah ich einen Brunnen, der Tag und Nacht mit Sternen überfüllt war.

3. Kapitel

Das Licht Georgiens

Als junges Mädchen habe ich davon geträumt, berühmt zu werden. Ich wollte Ballerina sein oder Sängerin. Als es dann soweit war, daß ich mich für einen Beruf entscheiden mußte, wußte ich plötzlich nicht mehr, was ich werden wollte. An einen Heilberuf dachte ich damals in keiner Weise, obwohl mein Vater mir einmal gesagt hatte, es sei meine Bestimmung, Krankheiten durch Handauflegen zu heilen. Mein Vater war schon lange tot, und ich neigte immer mehr zu der Erkenntnis, daß meine außergewöhnlichen Fähigkeiten in unserem ach so vernünftigen Jahrhundert keine Anerkennung finden würden.

Nachdem ich meinen Abschluß auf der Mittelschule geschafft hatte, nahmen mich meine älteren Brüder ins Gebet. Damit ich nicht der Familie zur Last falle, sollte ich auf eine Berufsschule gehen. Der Familienrat war der Ansicht, ich sollte mich für den Beruf der Lehrerin ausbilden lassen. Es war einer meiner Brüder, der mich in die Stadt Kropotkin brachte, wo ich mich um einen Studienplatz in einer Lehrerschule bewarb. Die erste Prüfung bestand ich, bei der zweiten sorgte ich dafür, daß ich durchfiel. Ich wollte keine Lehrerin werden. Statt dessen träumte ich davon, daß ich auf einer Bühne vor einem begeisterten Publikum stünde. Leider wurde in meinem Traum nie klar, warum die Leute so begeistert waren. Ich beriet mich mit meinen Brüdern. Ich sagte ihnen, daß ich nach Rostow gehen würde, um mich zur Filmvorführerin ausbilden zu lassen. Nach Abschluß der Ausbildung würde ich mich beim Kinematographischen Institut bewerben.

Nur ein Jugendtraum? Heute ist es tatsächlich so, daß ich in Filmen mitwirke. Ich werde zu Filmaufnahmen eingeladen...

Ich begann meine Ausbildung in Rostow und erwarb das Diplom einer Filmvorführerin. Dann fuhr ich nach Hause, um meinen Brüdern das Diplom zu zeigen. Die Behörde hatte mir eine Stelle in Tiflis, der Hauptstadt der Grusinischen SSR, zugesagt.

Es war an einem heißen Tag im September 1968, als ich Tiflis kennenlernte. Ich war mir bewußt, daß ein neuer Abschnitt in meinem Leben begonnen hatte. Tiflis ist eine Großstadt mit all den Gefahren und Chancen, die das Wesen einer Stadt ausmachen. Einerseits kann man zwischen so vielen Menschen leicht den Boden unter den Füßen verlieren, andererseits hilft einem die Begegnung mit anderen, zu sich selbst zu finden. Wie man sich Tiflis vorstellen muß? Es ist eine bildhübsche Stadt mit über einer Million Einwohnern. Die Balkone der alten Häuser sind mit Weinreben bekränzt, es gibt kleine Gassen, die auf breite Prospekte münden. Ich ging dahin inmitten der lärmenden Menge, die die Straßen bevölkerte, und lauschte der ungewohnten georgischen Sprache. Mir fielen drei Worte aus einem Zungenbrecher ein, den mir eine georgische Schulfreundin beigebracht hatte, sie hatte eine assyrische Mutter und einen georgischen Vater. Abgesehen von diesen drei Worten verstand ich kein Georgisch, ich hatte auch keine Bekannten in Tiflis, an die ich mich hätte wenden können. Meine Brüder hatten mir gesagt, daß hier ein Cousin meines Vaters, ein gewisser Isaak Jakubow, lebte, aber niemand in meiner Familie kannte seine Adresse.

Ich betrat das Ministerium für Kultur, das am Rustaweliprospekt, der schönsten Straße von Tiflis, liegt, und wurde von einem gutaussehenden, großgewachsenen Mann in Empfang genommen. Er hieß David und teilte mir mit, daß für mich eine Stelle im Filmtheater »Komsomolez« vorgesehen sei. Er bat mich, in drei Tagen wiederzukommen. Drei Tage warten! Ich hätte ihm gerne gesagt, daß ich kein Geld und keine Unterkunft hätte, aber es war wohl unangebracht, einen vielbeschäftigten Amtsmann mit meinen kleinen Sorgen zu belästigen. Ich versprach, in drei Tagen zurückzukehren, und verließ das Ministerium. Draußen überkam mich der Hunger. In Rostow hatte ich von einem Stipendium gelebt und gelernt, mit meinem Geld sparsam umzugehen. Ich gönnte mir damals nur alle zwei oder drei Tage ein richtiges Essen, zwischendurch lebte ich von Brot und Tee. Ich hatte keine Eltern mehr und von niemandem Hilfe zu erwarten.

Ich schlenderte also auf dem Rustaweliprospekt entlang. Es schien mir, als strömten sogar die Häuserwände den appetitlichen Duft irgendwelcher Speisen aus. Schließlich landete ich im Café des Hotels »Iweria«. Ich setzte mich an einen Tisch in einer Ecke und bestellte mir ein bescheidenes Menü.

Im Café gab es nur Tische für vier Personen, und als ich bei meinen Nudeln angelangt war, näherten sich zwei Burschen meinem Tisch. In gebrochenem Russisch baten sie um die Erlaubnis, sich zu mir setzen zu dürfen. Ich nickte. Die beiden bestellten sich Bier und begannen zu trinken. Schließlich fingen sie mit mir ein Gespräch an. Wo sie bloß herkamen? Aus Syrien? Aus dem Irak? Nachdem sie ihre anfängliche Schüchternheit abgelegt hatten, gingen sie zu einer näheren Erörterung meiner Person über. Wo ich wohl herstamme? Ich sähe aus wie eine Georgierin, meinte der eine. Mehr wie eine Araberin, meinte der andere. Ich mußte lächeln. Das ermutigte die beiden zu einem Gespräch, dessen wesentlicher Inhalt meine Figur war.

»Schämt ihr euch nicht?« fragte ich auf assyrisch.

»Kommst du etwa aus Syrien?« fragte einer der beiden überrascht.

»Nein«, sagte ich. »Ich bin eine Atureta.«

Wir unterhielten uns noch eine Weile, dann verabschiedeten sie sich. Um die Wahrheit zu sagen, ich konnte es kaum abwarten, bis sie gegangen waren. Ich machte mich über mein Kotelett her, aber es war inzwischen kalt geworden...

Während ich aß, trat der Geschäftsführer an meinen Tisch und fragte mich, ob ich Ausländerin sei. Er war auf mich aufmerksam geworden, weil ich assyrisch sprach, außerdem war ich anders gekleidet als die Menschen in Tiflis.

Ich trug ein kurzes Kleid, wie es damals Mode war. Das Kleid hatte ich mir selbst aus Resten geschneidert. Um mir etwas zum Anziehen zu nähen, verwendete ich die getragenen Kleider, die mir meine Hauswirtin in Rostow geschenkt hatte. Wenn ich für die Nachbarn Wäsche wusch, entlohnte man mich unter anderem mit alten Kleidern und Hemden, aus denen ich mir Röcke und Blusen nähte. Das Wichtigste bei Kleidern ist, daß man Phantasie hat. Mir ordentliches Schuhwerk zu beschaffen, war schon schwieriger. Ich besaß damals nur ein einziges Paar

Schuhe und paßte wie ein Luchs auf, daß sie nicht beschädigt wurden. Im Hochsommer genierte ich mich nicht, die Schuhe auszuziehen und barfuß durch die Straßen von Rostow zu laufen. Der heiße Asphalt störte mich nicht, im Gegenteil, ich empfand die Hitze, die aus dem Straßenbelag in meine Füße strömte, als wohltuend. Erst wenn ich in die Nähe der Schule kam, zog ich mein kostbares Paar Schuhe aus dem Beutel, wischte mir mit einem feuchten Lappen den Staub von den Füßen und zog die Schuhe an.

Außer dem Paar Schuhe besaß ich die Kleider, Röcke und Blusen, die ich mir selbst genäht hatte. Ich benutzte dazu die Nähmaschine meiner Hauswirtin. Ich schnitt die Kleider nach der damals geltenden Mode zu, jedoch mit einigen Veränderungen. Ich wollte nicht wie alle anderen gekleidet sein.

Auch heute noch entwerfe ich einen großen Teil meiner Kleidung selbst, obwohl ich eine ausgezeichnete Schneiderin habe. Ich kann Männer nicht ausstehen, die immer im gleichen Anzug herumlaufen, und noch weniger mag ich Frauen, die ohne Phantasie gekleidet sind. Vielleicht wäre ich eine gute Schneiderin geworden, aber das Schicksal hat es anders bestimmt.

Der Geschäftsführer des Hotels Iweria hieß mit Vornamen Wachtang. Nachdem ich ihm gesagt hatte, daß ich keine Ausländerin sei, fragte er mich, wo ich wohne und was für eine

Arbeit ich ausübe. Ich erzählte ihm mein ganzes Leben, und dann schlug er mir vor, statt im Kino in einem Restaurant zu arbeiten. Er würde mir beibringen, wie man Cocktails mixt, dann könnte ich in der Bar des Hotels arbeiten. Ich lehnte ab. Ich sagte ihm, daß ich eine gelernte Filmvorführerin war und daß ich dem Filmtheater Komsomolez eine feste Zusage gegeben hatte. »Also gut«, sagte Wachtang, »komm zu mir, wenn du es dir anders überlegst.«

Als ich das Café verließ, hatte ich noch keine Ahnung, wo ich die Nacht verbringen würde. Ich beschloß, in eine der Vorstädte von Tiflis zu gehen, wo ich nach einem billigen Zimmer Ausschau halten würde. Ich hatte erst ein paar hundert Meter zurückgelegt, als ich auf einer Grünfläche eine größere Menschenansammlung bemerkte. Was war da los? Ich pirschte mich näher. Bald hatte ich herausgefunden, daß sich eben hier die Besitzer von Wohnungen versammelten, die Unterkünfte zu vermieten hatten, die Wohnungsbesitzer und jene, die eine Unterkunft suchten. Allerdings hatte ich kein Geld für die Miete. Ob es einen Vermieter gab, der mit dem Geld warten würde, bis ich einen Vorschuß vom Filmtheater bekam? Ich setzte mich auf eine Bank. Der Name meines Onkels Isaak Jakubow kam mir in den Sinn. Wie ihn finden? Ich kannte nicht einmal den Namen seines Vaters.

Eine junge Frau setzte sich zu mir auf die Bank. Sie steckte sich eine Zigarette an. Als sie meine großen Augen sah, hielt sie mir die Schachtel hin. Wir rauchten. Im Gespräch stellte sich heraus, daß sie eine Kurdin war. Ihre Eltern fegten die Wege im Park, und die Tochter half ihnen dabei. Sie hieß Teresa. Ich war der Vorsehung dankbar, daß Teresa sich auf meine Bank gesetzt hatte.

»Du hast gesagt, deine Eltern sind tot. Du hast niemanden, oder?«

Ich nickte.

»In unserem Haus ist ein Bett zu vermieten. Es kostet fünfzehn Rubel im Monat. Im gleichen Zimmer wohnen noch drei Studentinnen.«

Ich brauchte nicht lange zu überlegen. »Bring mich hin«, bat ich.

Teresa war meine Kleidung aufgefallen. Sie sagte, so eine schöne Bluse hätte sie noch nicht gesehen. Ich war geschmeichelt. Ich hätte die Bluse selbst genäht, sagte ich und versprach Teresa, ihr auch so eine Bluse zu schneidern. Ob sie eine Nähmaschine besitze?

Wir gingen ein Stück zu Fuß und bogen dann in eine kleine Straße hinter dem Hotel Iweria ein. Teresa gehörte zu einer großen Familie – Vater, Mutter und neun Kinder. Die Familie hauste in einer kleinen Wohnung. Teresa begleitete mich in den ersten Stock des Hauses, wo sie mich mit Shanna bekannt machte. Shanna war die Vermieterin. Ich bekam das freie Bett. Man versicherte mir, daß ich die Miete erst nach einem Monat zu zahlen habe. Ich küßte Teresa vor Freude auf beide Wangen. Ich versprach ihr, daß ich ihr nicht nur eine Bluse, sondern auch einen Plisseerock nähen würde. Ich wußte, daß die Kurdinnen Plisseeröcke besonders gern mögen, sie ziehen sogar mehrere Röcke übereinander an.

Ich ließ meinen Koffer bei der Vermieterin und begab mich mit Teresa in die Wohnung ihrer Familie.

»Komm rein, mein Töchterchen«, begrüßte mich Teresas Vater, ein freundlicher Mann, den ich künftig Onkel Dschamil nannte. Die Familie saß gerade beim Abendessen, und ich wurde eingeladen. Ich sagte, daß ich keinen Hunger hätte, weil ich erst vor kurzem Mittag gegessen hätte, aber meine Gastgeber wußten genau, daß das nur eine Notlüge war. Sie legten mir fünf Chinkali auf den Teller. Chinkali ist so etwas Ähnliches wie Ravioli, faustgroße Teigstücke, die mit stark gewürztem Fleisch gefüllt sind. Es duftete wunderschön, so verlockend, daß ich der Versuchung nicht widerstehen konnte. Ich wußte damals noch nicht, wie man Chinkali ißt. Ich stieß meine Gabel hinein und vertilgte das Fleisch mitsamt dem Teig.

Teresa wunderte sich. »Hast du denn noch nie Chinkali gegessen?«

Heute weiß ich, daß das untere Stück Teig,

an dem man die Speise greift, während man sie zum Munde führt, nicht mitgegessen wird, da der Teig an dieser Stelle nicht gar ist. Chinkali wird nicht mit der Gabel, sondern mit der Hand gegessen.

»Aber natürlich weiß ich das«, erwiderte ich. »Ich mag nur den Teig so sehr.«

Und das war nicht einmal gelogen. Der mit Fleischsaft getränkte Teig schmeckte mir ganz vorzüglich. Ich aß drei Chinkali, die zwei anderen ließ ich anstandshalber auf dem Teller zurück. Ich hatte ja gesagt, ich hätte keinen Hunger.

Am Abend schlug Teresa vor, in den Park zum Tanzen zu gehen. Ich ließ sie nicht zahlen, kaufte die Eintrittskarten für den Park und für den Tanzplatz selbst. Als der Abend zu Ende ging, hatte ich noch ganze zwei Rubel in der Tasche. Aber ich machte mir keine Sorgen. Einen Platz zum Schlafen hatte ich ja, und ich hatte eine Freundin, die sich um mich kümmerte. Alles würde sich zum Guten wenden...

Wir kehrten in Teresas Wohnung zurück. Meine neue Freundin bot mir an, bei ihr zu übernachten. Das Schlafzimmer war ein kleiner Verschlag aus Holz, der im Hof stand. Ich bekam ein Klappbett. Wir sprachen, bis uns die Augen zufielen. Teresa erzählte mir von dem jungen Mann, mit dem sie verlobt war, und ich gestand ihr, daß ich noch nie einen Mann geliebt hatte.

Ich hatte einen Fehler gemacht. Ich hätte der Vermieterin Bescheid geben müssen, daß ich bei Teresa übernachtete, aber das schien mir nicht so wichtig. Als ich am nächsten Morgen nach oben ging, wurde ich mit einer Schimpfkanonade empfangen. Shanna war nicht da, nur ihre Mutter, eine übelgelaunte Alte. Sie wies mir die Tür und sagte, sie dulde keine Huren in ihrem Haus. Das Wort »Hure« war für mich wie eine Ohrfeige. Ich ergriff meinen Koffer und rannte die Treppe hinunter. Ich wollte meinen Kummer Teresa anvertrauen, aber sie war schon fort. Onkel Dschamil, dem ich erzählte, wie ich von der Vermieterin behandelt worden war, sagte: »Du kannst bei uns wohnen, Töchterchen. Wo es neun Kinder gibt, findet auch ein zehntes Platz.«

Ein ganzes Jahr blieb ich bei der gastfreundlichen Familie.

Noch heute mag ich es, wenn in meiner Wohnung viele Menschen um mich sind. So richtig wohl fühle ich mich erst, wenn mein Moskauer Heim voll von Gästen und Verwandten ist. Wo neun Menschen sind, können auch zehn Platz finden, du hast ganz recht, Onkel Dschamil...

Am nächsten Tag schlug Teresa vor, gemeinsam ins Restaurant des Hotels Iweria zu gehen. Dort würden wir Chinkali essen und ein Bier dazu trinken. Erschrocken überflog ich mein Kapital: zwei Rubel. Jeder Chinkali aber kostete zehn Kopeken, dazu noch ein Bier.

»Ich werde nur Bier trinken, Teresa. Ich bin noch satt von gestern abend.«

»Ich nicht. Ich habe einen Mordshunger.«

»Wieviel Chinkali möchtest du essen?« fragte ich sie.

»Zehn.«

»Gut, dann lade ich dich ein.«

Ich mußte sie einladen, schließlich hatte ich es ihr zu verdanken, daß ich ein Dach über dem Kopf hatte. Ich konnte ihr nicht sagen, daß ich nur noch zwei Rubel besaß. Wir gingen ins Iweria. Ich bestellte für Teresa zehn Chinkali und eine Flasche Bier. Ich rechnete mir aus, daß ich noch zwanzig oder dreißig Kopeken übrigbehalten würde, und meine Rechnung ging auf. Aber als ich meine Hand nach dem Wechselgeld ausstrecken wollte, schüttelte Teresa den Kopf.

»Hier ist es üblich, daß man das Wechselgeld liegen läßt.«

An jenem Abend fragte ich Teresa, ob ich morgen mit ihr die Straßen fegen könne. Sie war einverstanden. Es war sechs Uhr in der Frühe, als wir beide zur Arbeit ausrückten. Auf dem Nachhauseweg kam mir Wachtang entgegen, der Geschäftsführer des Hotels Iweria.

»Eine Assyrerin fegt die Straßen?« spottete er.

Ich senkte meinen Blick. Er merkte sofort,

wie beschämt ich war und fragte: »Möchtest du nicht lieber im Hotel arbeiten?«

Ich nickte.

»Wann kommst du?«

»Heute noch.«

Kaum waren die Worte heraus, da machte ich mir Vorwürfe. Warum hatte ich ihm eine Zusage gegeben? Ich hatte doch einen Termin beim Ministerium.

Es war zehn, als ich den Funktionär im Ministerium aufsuchte. Ich erfuhr, daß meine Stelle im Filmtheater erst in einigen Tagen frei werden würde. In der Zwischenzeit, so erklärte man mir, könne ich in dem gleichen Filmtheater als Vertreterin des Geschäftsführers arbeiten. Ich ging zum Filmtheater und fand mich dem Direktor gegenüber, der mich feindselig ansah. Offensichtlich fand er mich für die Arbeit, die man mir zugedacht hatte, zu ungehobelt.

»Sieh mal an, wer da Geschäftsführer spielen will«, sagte er zu seinem Freund. Die beiden hatten es sich in den Sesseln, die in der Mitte des Büros standen, bequem gemacht.

Sie unterhielten sich auf georgisch und lachten mir ins Gesicht. Ich wußte nicht, was ich tun sollte. Die Tränen schossen mir in die Augen, aber dann explodierte ich. Ich schrie den Direktor an und sagte ihm sehr deutlich, was ich über ihn dachte. Auf assyrisch, damit er mich auch bestimmt nicht verstand. Dann schlug ich die Tür hinter mir zu.

Wenig später ging ich die Stufen zum Hotel Iweria hoch.

»Ich wußte, daß du kommen würdest«, begrüßte mich Wachtang. »Wann fängst du an zu arbeiten?«

»Sofort.«

Er führte mich in die Küche. Die betörenden Gerüche der Speisen strichen mir um die Nase, und dann sah ich die köstlichen Gerichte. Ich traute meinen Augen nicht. Schließlich rief Wachtang die Oberkellnerin zu sich. Er wies sie an, eine passende Schürze für mich zu suchen. Ich wurde einer Kellnerin zugeteilt, die mich in die Arbeit einweisen sollte.

Wie ich mich auf meine Aufgabe stürzte! Ich preschte kreuz und quer durch das Restaurant und räumte das schmutzige Geschirr ab. Das Schönste war, daß ich die gleichen Gerichte essen durfte, die den Gästen serviert wurden. Von solchen Köstlichkeiten hatte ich während meiner Studienzeit nicht einmal zu träumen gewagt. Ich war wie im Paradies.

Zwei Wochen waren vergangen. Ich arbeitete schon ziemlich selbständig. Wie ein Vögelchen flatterte ich von Tisch zu Tisch. Und dann fielen mir die Rentner auf, die nicht so aufmerksam bedient wurden wie die anderen Gäste. Ich kannte den Grund. Sie hatten zu wenig Geld.

»Was ist mit den Tischen da drüben?« fragte ich die Kellnerin.

»Wenn du willst, kannst du die dazuhaben«, antwortete sie.

Ich ging hin und bediente die Rentner. Ich tat es mit Freude. Mir war klar, daß diese Menschen besonderer Zuwendung bedurften, und die wollte ich ihnen geben. Ich war von Energie und Hoffnung, von der Liebe zu den Menschen erfüllt. Die alten Leutchen, die im Iweria ihr Mittagessen einnahmen, hatten das sofort bemerkt. Sie setzten sich nur noch an die Tische, die zu meinem Bereich gehörten.

Ich gebe es zu, ich ging verschwenderisch mit meinem ersten Geld um. Ich kaufte Geschenke für Teresas Eltern, brachte Fleisch und Wein nach Hause. Meinen Brüdern schrieb ich, daß es mir gutging. Ich hätte Geld und alles, was ich brauchte.

Wenig später lernte ich Vadim kennen. Die Geschichte meiner ersten Liebe ist eine traurige Geschichte. Ich weiß nicht, ob es mein Schicksal, mein Fatum war, daß diese Liebe scheiterte. Daß ich Vadim unrecht tat, habe ich erst gemerkt, als es schon zu spät war...

Vadim sah sehr gut aus, wie die meisten Menschen, in deren Blut sich die Temperamente verschiedener Völker vereinen. Sein früh verstorbener Vater war Russe, seine Mutter Armenierin. Ich lernte die Mutter mehr zufällig kennen. Vadim hatte mich ins Kino eingeladen. Wir saßen in der sechsten Reihe, und mir fiel auf, daß er sich öfters umdrehte.

»Was hast du?« fragte ich.

»Ich erzähle es dir später«, erwiderte er nervös. »Sehen wir uns jetzt den Film an.«

Als wir wieder draußen waren, zündete er sich hastig eine Zigarette an, und dann machte er mich mit der Frau bekannt, nach der er sich im Kino umgesehen hatte, mit seiner Mutter. Ich wurde nach Hause eingeladen. Vadims Mutter, eine Frau mittleren Alters, zu der ich mich sofort hingezogen fühlte, trug Fladen mit Sahne auf, außerdem gab es starken Tee.

Es war ein angenehmes, freundliches Haus, genau das, wovon ich immer geträumt hatte. Vadim und ich waren einige Zeit miteinander befreundet, als ich einwilligte, ihn zu heiraten. Aber ich hatte Vorbehalte. Zwar wollte ich einen Mann, aber ich wollte meine Unabhängigkeit nicht verlieren.

Es war am Morgen des Verlobungstages, als Teresa mit einer Schar Freundinnen zu mir kam. Wir gingen zur Seilbahn, die zu einem Erholungspark auf den Berg Mtazminda führt, ein beliebtes Ausflugsziel für die Bewohner der Stadt. Das Hochzeitskleid war bereits bestellt. An diesem Abend würde es eine festliche Zusammenkunft in Vadims Haus geben, die Verlobungsfeier.

An jenem Tag war ich wie vom Teufel besessen. Ich ging durch den lärmerfüllten Vergnügungspark, an meine Verlobung dachte ich nicht mehr. Ich werde jenen Tag mein Leben lang nicht vergessen. Es scheint, daß ein

Fluch auf mir liegt. Ich weiß nicht, wie ich meine Schuld sühnen kann. Ich kletterte in eine Schiffschaukel. Ich schaukelte allein und genoß das wunderschöne Gefühl der Schwerelosigkeit. Unten standen meine Freundinnen, weil sie Angst gehabt hatten, die Schaukel zu besteigen.

Als ich anhielt, stieg ein junger Bursche zu mir in die Schaukel. Wir schwangen im Takt, und es war, als könnte ich fliegen. Wir machten uns miteinander bekannt. Der junge Mann hieß Schora. Er kaufte mir und meinen Freundinnen Eis, dann lud er uns ein, mit ihm eine Autofahrt zu machen. Sein Vater hatte ihm gerade einen nagelneuen Wolga geschenkt. Schora war ein hagerer, unansehnlicher Junge, überhaupt nicht mein Typ, aber die Versuchung, in einem chromglitzernden Wolga zu fahren, war schier unwiderstehlich.

Wir waren mit dem Eis fertig, als Vadim im Park auftauchte. Er sah blaß und traurig aus. Er sagte mir, daß er mich zu Hause vergeblich gesucht habe, und er verschwieg nicht, wie überrascht er war, mich jetzt im Vergnügungspark auf dem Berg Mtazminda vorzufinden.

»Was machst du denn hier? Die ersten Gäste sind schon da!«

»Die Gäste sind mir egal. Ich will dich nicht heiraten. Ich will mich auch nicht mit dir verloben. Ich lasse mich lieber in einem Wolga spazierenfahren.«

»In *meinem* Wolga!« sagte Schora.

Meine Freundinnen kletterten in den Fond des Wagens, ich setzte mich neben den Fahrer. Langsam rollte das Auto die Straße hinunter, die vom Berg in die Stadt führt. Es waren vielleicht einige Minuten vergangen, als Vadim mit seinem Motorrad neben dem Auto erschien. Ich hatte das Fenster aufgekurbelt und sah nach vorn, ohne meinen Verlobten eines Blickes zu würdigen. Der Wind spielte mit meinem Haar.

»Anhalten!« schrie Vadim. »Komm sofort heraus!« Er packte mich bei den Locken.

»Ich denke gar nicht daran«, sagte ich trotzig. »Und wenn du mich umbringst!«

Er ließ mich los.

»Du willst also nicht meine Frau werden?«

»Nein! Ich liebe dich nicht!«

Wie grausam ich war und wie töricht! Welcher Teufel hatte mir die Idee eingegeben, solche Worte auszusprechen?

Ich hörte, wie Vadim Gas gab. Sein Motorrad machte einen Satz nach vorne, geriet auf die Böschung, kam ins Schleudern und raste den Hang hinab. An einem Laternenpfahl fand die Fahrt ein Ende.

Und dann hielt ich Vadims blutüberströmten Körper in meinen Armen. Er atmete nicht mehr. Ich wollte schreien, meine verhängnisvollen Worte zurücknehmen.

»Hab keine Angst«, waren Vadims letzte Worte.

»Du darfst nicht zum Begräbnis gehen«, sagte Teresa. Ich bin trotzdem gegangen.

In Vadims Haus gingen mir alle aus dem Weg. Ich näherte mich dem Sarg in absoluter Stille. Ich prägte mir Vadims Gesichtszüge ein und sah, wie mutig, wie schön er war. Er hatte mir geschworen, daß er mich über alles in der Welt liebe, und jetzt hatte er den Beweis erbracht, wie ernst es ihm mit diesem Schwur gewesen war.

Ich begann zu weinen. Vadims Gesicht verschwamm vor meinen Augen. Ich verließ das Haus, verfolgt von der erdrückenden Stille. Kein Trauergast hatte auch nur ein einziges Wort mit mir gesprochen. Als ich die Schwelle überquert hatte, begann das Geheul, die Totenklage. »Vergib mir Vadim, bitte vergib mir«, flüsterte ich. »Ich kannte dich ja nicht. Erst jetzt verstehe ich, daß du mich wirklich geliebt hast...«

Einige Tage später bekam ich Besuch; es war Vadims Mutter. Sie stritt nicht mit mir, sie machte mir auch keine Vorwürfe. Statt dessen flehte sie mich an, ihr das Kind zu überlassen, mit dem ich schwanger sei. Ich sagte ihr, daß ich noch Jungfrau sei, aber sie glaubte mir nicht. Auf ihr Drängen hin gingen wir zusammen zu einem Frauenarzt. Der stellte fest, daß ich nicht schwanger war.

»Ich verzeihe dir«, sagte die Mutter, als wir wieder draußen waren. Ich habe sie nie wiedergesehen.

Diese Tragödie war eine harte, aber keineswegs die letzte Prüfung meines Lebens. Seither sind einige Jahre ins Land gegangen, aber ich habe noch immer nicht die Liebe kennengelernt, ich meine die echte große Liebe, die das Herz höher schlagen läßt. Gewiß, ich habe einen Ehemann gehabt, einen gutaussehenden, liebenswürdigen Mann. Ich habe einige Liebhaber gehabt. Aber immer war ich von dem Gefühl erfüllt, daß ich keinem wirklich gehören will. Die Liebe auf Erden schenke ich meinem Sohn. Ich flehe Gott an, er möge mich vor der anderen, der gefährlichen Liebe bewahren. Die Liebe existiert in meiner Seele. Ich liebe meinen Sohn, meine Verwandten, meine Freunde, ich liebe alle Menschen auf dieser Welt. Ich widme mein Leben dem Kampf für die Gesundheit der Menschen.

Ich habe mir viel vorgenommen, nicht wahr?

Natürlich hat es einige Zeit gedauert, bis ich mich zu diesem Entschluß durchgerungen hatte. Wie alle jungen Mädchen hatte ich gehofft, den Mann zu finden, der für mich wie geschaffen war. Einmal schien es mir, als hätte ich ihn gefunden. Ich sah ihn zum ersten Mal in einer Vision. Ich befand mich in einem unterirdischen Gewölbe. Es war dunkel, nur von oben fiel etwas Licht ein, ein Stückchen blauer Himmel war zu sehen. In diesem Licht erkannte ich auf den oberen Stufen einer

Treppe, die ins Gewölbe hinabführte, einen hochgewachsenen Mann. Er trug ein weißes Hemd, die Ärmel waren aufgekrempelt. Er kam zu mir, reichte mir die Hand und führte mich ins Freie. Um uns breitete sich eine Steppe aus, mit Wegen, die sich kreuzten. Die Wege bedeckten die Steppe wie ein Schachbrettmuster, Sonnenlicht und Vogelgezwitscher umgaben uns. Es war Frühling. Die Wege sahen wie die Startpisten eines Flughafens aus. Der Mann, der mich aus dem Gewölbe ins Freie geführt hatte, ging Richtung Norden. Ich folgte ihm ...

Sechs Wochen nach dieser Vision wurde ich in einer Gesellschaft einem jungen Mann vorgestellt. Sofort erkannte ich in ihm den Gefährten, der mir im Geiste erschienen war. So lernte ich meinen Mann kennen.

Natürlich wußte ich sofort, daß er mich heiraten würde. Viktor Dawitaschwili jedoch, ein junger Armeeoffizier, dem eine steile Karriere bevorstand, konnte sich an jenem Abend noch nicht vorstellen, daß wir wirklich Mann und Frau sein würden.

Wir waren schon seit längerer Zeit miteinander befreundet. Viktor lachte nur, als ich ihm einmal, halb im Scherz, halb im Ernst, sagte, daß er vom Schicksal her als mein Ehemann bestimmt sei. Er fand von Tag zu Tag mehr Gefallen an mir, aber er getraute sich nicht, sich mit einem Mädchen zu verheiraten, daß im Metro-Café als Serviererin arbeitete. Seine Eltern würden eine solche Wahl nie gutheißen. Ich hatte die Stelle bei meinem Freund Wachtang im Iweria-Hotel schon nach kurzer Zeit aufgegeben. Inzwischen bediente ich im Metro-Café. Einer der Gründe war, daß die Leitung des Cafés mir ein Zimmer zur Verfügung stellte. Endlich konnte ich in meinem eigenen Bett schlafen.

Das vielbesuchte Café lag im Zentrum von Tiflis am Rustaweliprospekt, der nach dem berühmten georgischen Dichter genannt ist. Eine meiner Freundinnen arbeitete dort. Als eine Stelle frei wurde, überredete sie mich, im Café anzufangen. Einige Jahre lang arbeitete ich im Metro, ich stand hinter der Theke und servierte die Drinks. Ich habe dort sogar einen eigenen Drink erfunden, den Dshuna-Cocktail, dessen Rezept ich hier nicht verraten will. Im Laufe meines Lebens habe ich viele Männer an Alkohol zugrunde gehen sehen. Ich erinnere mich zum Beispiel an den charmanten Wladimir Wyssozki, den ich kennenlernte, als er auf dem Gipfel seines Ruhmes stand. Er trank. Ich habe gespürt, daß er mit seiner Gesundheit am Ende war. Ich habe ihn angefleht, mit dem Trinken aufzuhören, eine Pause einzulegen, wenigstens drei Tage lang keine harten Getränke mehr zu sich zu nehmen, aber er hat nicht auf mich gehört...

Die Arbeit im Café machte mir richtig Spaß. Während ich hinter der Theke stand und die Cocktails mixte, konnte ich die Menschen betrachten, die ins Café kamen. Ich beobachtete sie, wie sie ihre Farbe wechselten. Sie haben richtig gelesen: Die Gäste wechselten ihre Farbe, sobald sie die Schwelle überquerten. Jeder Mensch hat sein eigenes Farbspektrum, und ich habe die Gabe, aus diesem Spektrum die dominierende Farbe herauszufiltern. Ich habe zum Beispiel festgestellt, daß ein »violett« gefärbter Mensch je nach seiner Stimmung »rosa« werden kann und umgekehrt. Ich kann an der Farbe meines Gesprächspartners sehen, ob er Freude empfindet oder ob er Böses im Schilde führt. Im Café vertrieb ich mir die Zeit damit, die dominierende Färbung jedes einzelnen Gastes zu bestimmen. Es war ein Spiel, das mir über die eintönige Arbeit hinweghalf.

Ich lernte viele neue Freunde kennen. Abend für Abend kamen sie zu mir ins Café. Ich bewirtete sie, wie ich gute Freunde zu Hause bewirten würde. Selten nahm ich Geld für die Drinks, die ich servierte. Meine Kolleginnen machten mir Vorwürfe. Ich würde mich ruinieren, wenn ich weiterhin Getränke ausschenkte, ohne Geld dafür zu nehmen. Ich sah das ganz anders. Wie kann man sich ruinieren, wenn man seinen Freunden kleine Geschenke macht! Ich hatte die ganze Zeit das Gefühl, daß ich nicht immer im Café arbeiten würde, aber die Tage wurden zu Monaten, und die Monate wurden zu Jahren.

Eines Abends kam Viktor Dawitaschwili

mit einer Gruppe von Freunden ins Metro. Er lachte und scherzte, wie es seine Art war. Wir sprachen über Schach, ein Spiel, in dem Viktor Experte war. Hätte er sich ganz diesem Spiel gewidmet, dann wäre ganz sicher ein berühmter Schachmeister aus ihm geworden. An jenem Abend benahm sich Viktor wie immer. Trotzdem hatte ich das untrügliche Gefühl, daß er mir einen Heiratsantrag machen würde. Es kam, wie ich vorausgesehen hatte. Als er mich nach der Arbeit nach Hause brachte, hielt er um meine Hand an.

Wir wurden vor dem Gesetz Mann und Frau, haben die Ehe jedoch nicht sofort registrieren lassen. Ich erfuhr, daß Viktors Eltern nicht so sehr von meiner Tätigkeit im Café schockiert waren. Was ihnen viel mehr Sorgen machte, waren die Gerüchte, die in Tiflis verbreitet wurden. Es hieß, ich sei eine Hexe, eine Frau, die über metaphysische Gaben verfüge. Das Gerücht hatte sich in Windeseile in der Stadt herumgesprochen und war natürlich auch zu Viktors Eltern gelangt.

Mag sein, daß ich etwas anders war als die jungen Mädchen in Tiflis. Ich war nicht gewillt, in traditioneller Weise die Hausfrau zu spielen. Ich wollte kein Geschöpf sein, das nur für das Haus und für seinen Mann da ist. Nach und nach war mir meine gewöhnliche Bestimmung bewußt geworden, und so lehnte ich mich gegen jegliche Schablonen auf, die man mir aufzwingen wollte. Warum sollte ein Mann in der Familie die Oberhand haben?

Viktor war mutig genug, gegen den Willen seiner Eltern eine prächtige Hochzeit mit mir zu feiern, ein Fest, wie es den georgischen Bräuchen entsprach. Schon am nächsten Tag stellte er mir ein Ultimatum. Er sagte mir klipp und klar, daß er mich nicht mehr hinter der Theke des Metro-Cafés sehen wolle. Er hatte sich dafür eingesetzt, daß ich als Geschäftsführerin des Cafés arbeiten könne, aber ich tat diesen Vorschlag mit einem Scherz ab. Ich arbeitete weiter in der Bar, mixte jeden Abend meine Cocktails und wartete auf einen Wink des Schicksals.

Als Viktor mein Mann wurde, konnte er nicht ahnen, daß ich schon immer ein Leben geführt habe, das anderen Menschen unverständlich ist.

Ich sagte bereits, daß ich manchmal zwischen Traum und Wirklichkeit nicht unterscheiden kann. Wie in der Kindheit, so hatte ich auch in Tiflis Visionen, die schließlich Wirklichkeit wurden. Als ich mit meinem ersten Kind schwanger ging, hatte ich die Vision, daß ich in Schwarz gekleidet durch ein Dorf fuhr. Ich saß in einem seltsamen Gefährt und hielt ein kleines Mädchen in meinen Armen, das mit einem schwarzen Tuch bedeckt war. Ich wußte nicht, wohin der Wagen fuhr. Schließlich verließen wir das Dorf, vor uns tat sich die Steppe auf. Im Traum hörte ich eine

Frauenstimme: »Steig aus! Nimm einen Sack frischgebackenes Brot und verteile das Brot unter den Menschen!« Ich schreckte aus dem Schlaf hoch und stellte mit Erleichterung fest, daß ich ganz allein in meiner Wohnung in Tiflis war. Hätte ich damals tatsächlich frischgebackenes Brot unter die Menschen verteilt, würde meine Tochter vielleicht heute noch leben...

Es war eine schwere Geburt. Auf der Entbindungsstation wurde ich in ein Einzelzimmer gelegt, weil ich mit den Nerven völlig fertig war. Als man mir mein Kind zeigte, wies ich es zurück. Das sei nicht mein Kind, schrie ich. Sie sollten es wegbringen... War es die Rache des Himmels, was sich dann ereignete? Zehn Tage blieb ich im Krankenhaus. Ich kämpfte um mein Leben. Auch mein Kind befand sich in kritischem Zustand. Es war ein hübsches, kleines Mädchen. Ich hatte für es den Namen Emma gewählt, so hieß meine liebe Schwester.

Es war am elften Tag, als meine kleine Tochter sich wie eine Erwachsene aufrichtete. Sie sah mich aus ernsten Augen an. Ich zuckte unter diesem Blick, der mir durch Mark und Bein ging, zusammen. Es war, als wolle sie mir einen Vorwurf machen. Ich war so verzweifelt, daß ich meine Angst hinausschreien wollte, aber kein Laut kam über meine Lippen. Zum Schweigen verurteilt, mußte ich zusehen, wie dem Kind das Blut aus den Mundwinkeln tropfte. Der kleine Körper erzitterte, und ich vermeinte zu hören, wie das Baby »Mami« rief... Drei Stunden lang lief ich mit dem toten Kind auf den Armen herum, ich wollte nicht zulassen, daß man es mir wegnahm. Als der nächste Morgen anbrach, fand ich mich in meinem Bett wieder. Ich konnte mich kaum bewegen. Und dann gab man mir zum letzten Mal mein Kind zu sehen. Als ich in das geliebte Gesicht blickte, sah ich plötzlich ein erwachsenes Mädchen mit langem, schwarzem Haar vor mir. Ich habe das Mädchen noch oft wiedergesehen...

Welche Kraft die kleine Emma mir mit ihrem letzten Blick vermittelt hat! Wenn ich heute ein krankes Kind sehe, das ich heilen kann, lasse ich alles andere liegen.

Die Schuldgefühle, daß mein erstes Kind schon nach wenigen Tagen starb, werden mich mein Leben lang verfolgen. Trotzdem danke ich dem Schicksal dafür, daß es mir dieses Kind schenkte. Ich habe später einen kleinen Sohn bekommen, den ich Wacho nannte. Es war Wacho, der mich lehrte, wie man bis zur Selbstaufopferung liebt. Er war krank und von den Ärzten aufgegeben, als er mir zuflüsterte: »Ich weiß, Mami, daß du mich retten wirst...« Das Vertrauen meines Sohnes in meine Fähigkeiten hat mir die Kraft gegeben, aus der ich noch heute schöpfe.

Während ich Wacho liebkoste und wickelte,

habe ich einige wichtige Entdeckungen gemacht. Betrachten wir einmal den Vorgang, wie eine Mutter ihr Kind wickelt. Die Beschäftigung ist von einem hohen Sinn erfüllt. Die Mutter diszipliniert dabei den Geist und den Körper des Kindes, indem sie das kleine Wesen zur Wahrnehmung seiner selbst zwingt. Sie lehrt das Kleine, sich gegen die Umwelt zu wappnen. Die Windeln sind das erste, was ein Kind von seiner Umwelt spürt. Die Mutter wickelt das Kind aus hygienischen Gründen und auch, um es gegen die Kälte zu schützen. Sie ahnt dabei nicht, daß noch ganz andere Wirkungen damit verbunden sind. Das Kind wird versuchen, sich mit allen Kräften von den Windeln zu befreien, die Ketten zu sprengen. Durch das wiederholte Einwickeln werden seine animalischen Instinkte gebändigt. Der Kampf um das Werden eines Menschen beginnt gleich nach seiner Geburt. Die Mutter verfügt bei diesem Kampf über eine vieltausendjährige Erfahrung. Das Wickeln eines Kindes geschieht in einer Reihenfolge, die sich im Verlauf unzähliger Generationen herausgebildet hat und durch die Zweckmäßigkeit bedingt ist.

Ich glaube, daß es falsch ist, wenn viele moderne Mütter auf das Wiegenlied verzichten. Das Lied beim Einschlafen, von der Mutter gesungen, ist etwas, was den Menschen von der Natur her gegeben ist, und die Natur macht nichts umsonst. Es ist äußerst wichtig, daß das Kleine mit Ohr und Gehirn die Melodie der mütterlichen Stimme empfängt, zuerst die Melodie, dann einfache und zärtliche Worte, wie sie jede Mutter für ihr Kind findet. Wieviel wohltönender ist doch ein Wiegenlied, vergleicht man es mit der metallischen Kakophonie, die neuerdings als Musik angegeben wird.

Das Werden eines Menschen, seine Ausformung für das künftige Leben, vollzieht sich neun Monate lang im Mutterleib. Der werdende Mensch saugt aus dem biologischen Plasma das Licht, die Luft und die Säfte ein, die Energie des Universums, die mit Vernunft, Instinkt und Harmonie getränkt ist. Ein Wissenschaftler hat mir erklärt, daß die Ausformung des Kindes im Mutterleib genaugenommen nur sieben Monate währt. Sieben scheint eine Zahl zu sein, der von der Natur eine ganz besondere Bedeutung mitgegeben ist. Sieben Farben hat der Regenbogen, sieben Töne hat die Tonleiter. Die Zahl »Sieben« kehrt in vielen Sprichwörtern und Redewendungen wieder... Es geschieht während der letzten beiden Monate der Schwangerschaft, daß die Natur ihren Geheimcode auf die Handfläche des Kindes zeichnet. Damit wird zugleich der Weg vorgezeichnet, den wir, lachend und weinend, sterbend und in fremden Leben auferstehend, zurücklegen werden.

Diese einfachen Wahrheiten wurden mir durch die Beobachtung meines kleinen Sohnes eröffnet. Ich erwähne sie hier, um deutlich zu machen, wie töricht es ist, wenn wir uns ausschließlich auf die Errungenschaften von Wissenschaft und Technik verlassen. Wir haben es verlernt, auf die Stimme der Natur zu hören. Es gibt kaum einen Menschen, der sich bewußt ist, daß die Natur uns noch längst nicht alle Rätsel des Universums offenbart hat...

Ich fing an, Menschen zu heilen, als ich noch als Serviererin im Metro-Café arbeitete. Die erste Behandlung führte ich in Tiflis durch. Meine Patientin war ein fünfjähriges Mädchen, die Tochter einer Nachbarin. Die Kleine hatte einen epileptischen Anfall erlitten. Ich sagte zu der Mutter: »Rimma, ich werde deine Tochter heilen. Versprich mir, daß du niemandem davon erzählst.« Nach einigen Sitzungen gelang es mir, die epileptischen Anfälle zum Verschwinden zu bringen, so, wie ich als Kind die Warzen meiner Freundin zum Verschwinden gebracht hatte.

In unserem Café arbeitete eine Kellnerin mit dem Namen Walja Pistschejewa, eine Frau mittleren Alters, die noch den Krieg miterlebt hatte. Einmal wurde ihr bei der Arbeit schlecht, sie hatte Leberschmerzen. Ich eilte zu ihr und linderte den Schmerz durch Handauflegen. Danach kam sie zu mir, um sich richtig behandeln zu lassen. Vor kurzem besuchte mich Walja Pistschejewa in meiner Wohnung in Moskau. Sie sagte mir, daß sie seit jener Behandlung keine Leberschmerzen mehr hat.

Ein anderes Mal kam eine Freundin zu mir ins Metro-Café. Sie brachte ein Mädchen mit, das durch einen großen, roten Fleck auf der Wange verunstaltet war. Das Mal ähnelte in seiner Form einem abscheulichen Kraken. Das Mädchen hieß Julietta. Sie erzählte mir, wie der Fleck entstanden war. Es war mitten in der Nacht gewesen, als Julietta von einem stechenden Schmerz aufgeweckt wurde. Ihre Wange brannte wie Höllenfeuer. Sie lief zum Spiegel und sah einen rosafarbenen Fleck, der sich auf ihrem Gesicht ausbreitete, bis er fast die ganze Wange bedeckte.

Als eine erfahrene Krankenschwester versuchte Julietta mit allen Mitteln, das Mal wieder loszuwerden. Sie konsultierte verschiedene Fachärzte, aber ohne Erfolg. Ich wußte sofort, daß es sich bei dem Fleck um ein Krebsgeschwür handelte. Ich hob die Hand und berührte das Mal. Ich kann nicht sagen, warum ich das machte, es war wie ein Zwang. Mit den Fingerspitzen nahm ich den scharlachroten Fleck wahr und empfing die stechenden Signale, die von dem Mal ausgingen. Mit allen Kräften versuchte ich, das erkrankte Gewebe aus der Wange »herauszuschälen«. Ich sagte Julietta nicht, daß ich sie heilen würde. Ich sagte nur, daß ich mir überlegen würde, was sich in ihrem Fall machen ließe. Vor dem Café verabschiedeten wir uns dann.

Es war am frühen Vormittag des darauffolgenden Tages, als Julietta zu mir gelaufen kam. Ich hatte ihr meine Adresse nicht gesagt; irgendwie hatte sie herausgefunden, wo ich wohnte. Sie war furchtbar aufgeregt, sie erzählte mir und den Nachbarn, die unserem Gespräch beiwohnten, daß ich mit meiner Behandlung ein Wunder vollbracht hätte. Sie warf mir die Arme um den Hals und küßte mich. Ich traute meinen Augen nicht, als ich sah, daß das Mal auf ihrer Wange auf die Hälfte des früheren Umfangs zusammengeschrumpft war. Zuerst wollte ich nicht glauben, daß die Heilung mein Verdienst war, aber von den Erklärungen, die ich Julietta anbot, wollte sie nichts hören. Sie nahm meine Hände und drückte sie an ihr Gesicht. Die Nachricht von der Heilung ging wie ein Lauffeuer durch die Stadt. Zuerst wußten es nur die Nachbarn, dann die Leute im Café, dann das Personal und die Patienten in dem Krankenhaus, in welchem Julietta arbeitete. Nach einigen Sitzungen war der Fleck auf der Wange des Mädchens voll und ganz verschwunden.

Viktor, mein Mann, war der einzige, bei dem die Skepsis überwog. Es war ihm peinlich, daß ich ihn übertraf. Er versuchte mir einzureden, daß ich über keine außergewöhnlichen Fähigkeiten verfüge. Es sei purer Zufall, daß der Fleck auf Juliettas Wange von dem einen auf den anderen Tag verschwunden war. Er,

Viktor, hätte ein genauso starkes Biofeld wie ich. Wie es wirklich damit stand, sollte sich bald erweisen. Bei Viktor entstand ein großes Furunkel auf der Nase. Das war peinlich, denn am nächsten Morgen war er mit einem Minister verabredet. Er tat mir so leid, daß ich die ganze Nacht meine Hand auf seine Nase hielt. Am nächsten Morgen um sieben Uhr war das Furunkel verschwunden, und Viktor war so elegant und unwiderstehlich wie zuvor. Das dicke Ende nahte, als Viktor von seiner Unterredung mit dem Minister wieder nach Hause kam. Sein Dank hatte sich in Haß verwandelt. Alle Männer, so warf er mir vor, hätten zu Hause eine normale Frau. Ausgerechnet er hätte eine Hexe erwischt.

Ich habe meinen Ehemann nie für meinen Gebieter gehalten, aber heute weiß ich, daß es Viktors Skepsis gegenüber meinen Fähigkeiten war, was mich damals zögern ließ, den entscheidenden Schritt zu tun und mich ganz der Medizin zu widmen und das Heilen professionell zu betreiben.

Es war ein außergewöhnliches Ereignis, das mir den Mut gab, meinen Weg ins Unbekannte fortzusetzen. Ich war spät in der Nacht von meiner Arbeit im Metro-Café heimgekehrt. Ich war allein, der kleine Wacho war an diesem Tag bei seiner Amme. Ich zog mich aus, löschte das Licht, zog die Vorhänge zu und schlief ein. Ich bin nicht sicher, ob ich wirklich eingeschlafen bin; ich weiß nur noch, daß mein Zimmer auf einmal von hellen Strahlen erfüllt war. Es war kein elektrisches Licht, was da leuchtete, sondern ein unwirklicher, bläulicher Schein. Die Wände des Raumes wichen zurück und lösten sich in Nichts auf. Die Vorhänge wehten in der Luft, sie sahen aus wie große Wolken.

Eine unbekannte Kraft hob mich vom Bett. Es war, als hätte mir jemand gesagt, ich solle mich zum Flug bereithalten. Ich habe immer vom Fliegen geträumt. Als Kind stand ich oft auf einem Hügel, legte meinen Kopf in den Nacken und blickte lange Minuten zum Himmel empor. Ich hatte dann das Gefühl, daß ich mit dem Himmel eins wurde.

Ich betete: »Mach, daß ich leicht bin, o Himmel, mach mit mir, was du willst. Verwandle mich in eine Butterblume oder in einen Vogel. Laß mich fliegen. Mach, daß ich leicht werde, o Himmel...«

Es schien mir, daß die Luft mich emporhob, und dann spürte ich, daß ich nicht nur an einer einzigen Stelle existierte, sondern überall zugleich anwesend war. Ich war eins mit der Welt, von ihr durchtränkt und in ihr aufgelöst, deswegen hatte ich keine Angst. Die Freude am Fliegen lebte in mir, und so ist es heute noch. Ich habe keine Angst, ein Flugzeug zu besteigen.

Wenn ich da stand und nach oben blickte, fragten mich die Leute, ob ich davon nicht schwindelig werde. Ich schwieg dann. Die

Leute wunderten sich. Ich hörte, wie sie sagten: »Was sieht sie dort? Da sind doch nur Wolken und das Blau des Himmels.«

Ich sagte ihnen nicht, was ich in ihren Augen sah. Ich betrachtete den Himmel und die Wolken, die sich in den Augen der Menschen spiegelten. Ich liebte die Menschen, weil ich mit ihnen unter dem gleichen Himmel leben durfte.

In jener Nacht hatte ich das Gefühl, daß ich fliegen könne, eine völlig neue Erfahrung für mich. Nach langem Flug landete ich auf der Spitze eines Berges, die mit hohem, grünem Gras bewachsen war. Eine alte Frau, hager und von kleiner Gestalt, erwartete mich. Sie trug ein dunkles Kopftuch.

»Ich warte schon lange auf dich«, sagte sie. Nach diesen Worten nahm sie mich an die Hand und führte mich durch das Gras, das nach Pfefferminze roch. Plötzlich kamen wir zu einem Jungen, der auf dem Rücken lag. Sein Blick war zum Himmel gerichtet. An seinen Augen sah ich, daß er im Sterben lag.

Die alte Frau sagte zu mir: »Du trägst keine Schuld an seinem Tod. Er hat dich über alles in der Welt geliebt und liebt dich immer noch. Sein Herz schlägt noch. Er liegt im Sterben, und nur du kannst ihn retten.«

Aufmerksam betrachtete ich das Gesicht des Jungen. Die Züge kamen mir bekannt vor. War es Vadim? Oder war es der andere, der mir vom Schicksal zugedacht war?

»Hast du ihn erkannt?« fragte die Alte.

Und ich erwiderte: »Ja.«

»Du wirst ihn retten«, fuhr die Alte mit ruhiger Stimme fort. »Lege deine rechte Hand auf seine Rippen und denke nach... Denke darüber nach, wie stark du ihn liebst.«

Ich gehorchte. Die Liebe nahm Besitz von meinem ganzen Wesen, machte mich mutig und entschlossen. Ich wurde zu dem Lichtstrahl, der für den Sterbenden in diesem Augenblick so wichtig war.

Ich berührte ihn mit meiner Hand. Glaube, Hoffnung und Liebe durchströmten mich.

Plötzlich verschwand das Bild... Ich lag in meinem Bett, hinter den Fenstern war der Lärm der Stadt zu hören. Ich riß die Vorhänge auf. Draußen war alles so, wie ich es kannte. Die gleichen dunklen Bäume, die ich so oft betrachtet hatte, und die bunten Blumen auf dem Beet in der Mitte des Hofes.

Etwas war anders. Der Himmel war nicht mehr so hoch wie sonst. Ich brauchte nur aus dem Haus zu gehen und zum Himmel emporzusteigen.

In jener Nacht habe ich mich verändert.

Deutlich sah ich den Weg vor mir, den ich zu gehen hatte, einen Weg, der durch die Städte der Vergangenheit führte, durch Städte, die vom Meer oder von einer dicken Schicht Erde bedeckt waren. Der gleiche Weg führte mich durch die Städte der Zukunft, die noch unsichtbar in kosmischer Ferne liegen, und durch Städte der Gegenwart, in denen sich mein Schicksal mit tausend anderen Schicksalen kreuzen würde...

Wie alle Menschen liebe ich mein eigenes Heim. Aber ich weiß auch, daß ich jeden Augenblick bereit sein muß, auf Dinge zu verzichten, die mir lieb geworden sind. Ich muß bereit sein, mich hinzugeben. Es ist wichtig im Leben, daß wir diejenigen suchen, die wir lieben und die uns brauchen. Ich würde die Menschen suchen und finden, die auf meine Gaben angewiesen sind. Die Liebe ist ein Weg der Güte. Die Güte sucht ständig nach einer Zuflucht, nach einem Dach. Sie sucht nach ihrem Haus. Sie geht in viele Wohnungen, aber sie kann dort nicht bleiben, sie muß weitergehen. Worin besteht die Unendlichkeit der Gegenwart? In der Hoffnung, in der Liebe und im Glauben, in den Empfindungen, die von einem Haus zum anderen wandern, von einem Menschen zum anderen, von einem Planeten zum anderen. Sie wandern und finden keine Zuflucht, sie lösen sich in den Schicksalen einzelner Menschen und in den Sternenwelten auf.

Einige Jahre lang war Tiflis meine Zuflucht und mein Obdach. Das Licht Georgiens erhellte meinen Weg. In Tiflis habe ich die wichtigste Entscheidung meines Lebens getroffen.

Als die Sonne an jenem Morgen emporstieg, stand mein Entschluß fest. Ich ließ mich an der Volksuniversität für Medizin immatrikulieren. Um Geld zu verdienen, behielt ich meine Arbeit im Metro-Café bei. Mein Plan war, mir zunächst ein gewisses Mindestmaß an medizinischen Kenntnissen anzueignen. Danach würde ich die besonderen Gaben, über die ich zu verfügen glaubte, von den Ärzten und medizinischen Fachleuten überprüfen lassen. Wenn es sich um eine Begabung handelte, die einmalig auf der Welt war, würde ich sie weiterentwickeln, um den kranken Menschen zu helfen. Erwiesen sich meine Heilmethoden als von anderen Heilkundigen nachvollziehbar, dann mußte ich diese Methoden vervollkommnen und sie einer möglichst großen Zahl von Medizinern zugänglich machen.

Heute weiß ich, wie naiv ich damals war. Ich habe die Schwierigkeiten unterschätzt. Aber damals war ich sicher, daß sich am Himmel meines Lebens nie Gewitterwolken auftürmen würden. Das Licht Georgiens würde mir leuchten und mich mit der Kraft und Zuversicht erfüllen, die Berge bewegt.

4. Kapitel

Erste Anerkennung

Ich liebe Blumen. In meiner Wohnung bin ich zu jeder Jahreszeit von Blumen umgeben. Sie sind die Zeichen des Dankes derjenigen Menschen, die ich geheilt habe. Mit Blumen wurde auch meine erste Heilung in Tiflis belohnt. Blumen sind meine Freunde, sie leben, wie ein Mensch lebt.

Lassen Sie mich Ihnen jetzt meinen Freund Lew Kolodny vorstellen. Sie werden ihm in diesem Buch mehrmals begegnen. Es war Lew, der mir half, die Kontakte zu den Wissenschaftlern anzuknüpfen, er hat mir damit einen unschätzbaren Dienst erwiesen. Über seine erste Begegnung mit mir schrieb er:

»In dem Zimmer, in welchem Dshuna und ich uns unterhalten, stehen viele Blumen, herrliche Sträuße von den Menschen, die sie behandelt hat. Dshuna gleicht einer Primaballerina, die von den Liebhabern ihrer Kunst mit Blumen überschüttet wird. Aber dieser erste Eindruck verfliegt bald. Sie ziert sich nicht, wie es eine Primaballerina tun würde.

Um mich zu begrüßen, ist sie von der Couch aufgestanden. Sie nimmt mich beim Arm und führt mich zu einem Rosenstrauß.

›Mein lieber Lew, können Sie den Duft der Rosen riechen?‹

›Ich rieche nichts.‹

›Passen Sie gut auf, was ich jetzt mache ...‹

Dshuna beugt sich über die Rosen. Sie bewegt ihre Hände wie ein Hypnotiseur. Es sieht aus, als ob sie die Blumen streichelt. Und die Rosen beginnen zu duften. Es ist, als hätte Dshuna ein Fläschchen mit Rosenwasser geöffnet, so stark ist der Duft. Ich sehe, wie sich die Knospen öffnen, die Blätter streben auseinander wie die Lippen eines Menschen, die sich zum Sprechen öffnen.«

Ich gebe zu, daß ich Lew das Kunststück mit einer besonderen Absicht vorgeführt habe. Ich wollte ihn als Anhänger gewinnen, und das ist mir geglückt.

Seit meiner Kindheit bin ich mit Blumen befreundet, und ich weiß, daß sie singen können. Jawohl, Blumen können singen. Allerdings muß man erst lernen, ihre Stimmen zu verstehen. Der Mohn, ein Schönling, klingt wie eine Glocke. Die weißen Kamillen klingen wie Violinen. Vielleicht habe ich deshalb Kamillen besonders gern ...

Sie wollen jetzt sicher wissen, wie sich mein Leben in Tiflis weiterentwickelt hat. Bevor ich darüber spreche, möchte ich Ihnen den Eindruck schildern, den ich selbst beim

Durchlesen der ersten Buchkapitel hatte. Ich war mit der Niederschrift unzufrieden, die Erzählung schien nicht viel herzugeben. Eine Reihe von Details werden geschildert, die für andere Menschen völlig uninteressant sind. Manches klingt naiv. Ich war im Begriff, die ersten Kapitel neu zu schreiben, besann mich aber noch rechtzeitig. Ich habe begriffen, daß alles so geschrieben wurde, wie es notwendig ist. Ich habe meine Kindheit in der Sprache eines Mädchens geschildert, das in ihrem Dorf »Schidda« genannt wurde. Schidda ist ein junger Mensch, der das Leben ohne Girlanden, ohne Verschönerungen sieht. Es wäre falsch, die eigene Biographie im Laufe der Jahre zu verbessern, falsch und unwahrhaftig. Einer meiner Freunde, Rassu Gamzatow, ein Dichter aus Dagestan, hatte gesagt: »Wenn man mit einer Pistole in die Vergangenheit schießt, trifft man mit einer Kanone die Gegenwart.«

Vielleicht erwarten Sie, daß ich Ihnen in den folgenden Kapiteln viel über mein Privatleben erzähle. Ich muß Sie enttäuschen. Ich kann wenig Privates auftischen, weil ich mit zunehmendem Alter immer weniger Privatleben gehabt habe. Ich werde es deshalb meinen Freunden überlassen, Ihnen die Informationen zu geben, die meine Person betreffen; ich werde diese Freunde zitieren, nicht nur, weil ich es mir damit erspare, über mich selbst zu reden, sondern auch weil es notwendig ist.

Denn der Kampf für meine Sache geht weiter. Daher brauche ich Zeugnisse und Beweise, brauche Zeugen.

Beweise, daß ich mehr kann als andere, mußte ich schon vorlegen, als ich den Abschluß auf der Volksuniversität machte. Ich war eine lernwillige Studentin gewesen, was die Noten bewiesen; und so hoffte ich nicht ohne Grund auf das Diplom »summa cum laude«. Statt dessen ergab es sich, daß ich die Universität beinahe ohne Diplom hätte verlassen müssen.

Ich war damals in Tiflis schon ziemlich bekannt, und so war es praktisch unmöglich, meine außergewöhnlichen Fähigkeiten auf dem Gebiet der Heilkunst vor den Professoren, die an der Universität lehrten, zu verbergen. Ich versuchte es erst gar nicht. Ich nahm kein Blatt vor den Mund. Sobald ich die medizinische Terminologie beherrschte, stellte ich die Diagnosen der Kranken, ohne sie ärztlich untersucht zu haben. Ich diagnostizierte auch einige Studenten meines Lehrganges. Meine Diagnosen stimmten in den meisten Fällen mit den ärztlichen überein. Keiner meiner Lehrmeister wagte es, mich als Scharlatanin anzuprangern; aber daß ich eine Hexe sei, das sagten sie mir ins Gesicht. Und dann kam die Prüfung. Ich konnte die Professoren verstehen, ihre Bedenken, mir ein Diplom zu geben und damit in gewisser Weise die Verantwortung für meine künftigen »Wunder« auf sich zu nehmen. Ich konnte sie verstehen, aber ich konnte ihre Gründe nicht billigen.

Die Prüfung sah dann folgendermaßen aus: Das Dekanat der Universität und die Leitung der Poliklinik, in der ich arbeitete, stellten mir eine Bedingung. Ich würde das Diplom nur erhalten, wenn ich meine Fähigkeiten während einer Operation demonstrierte. Erst viele Jahre später habe ich verstanden, warum man mir diese Bedingung stellte. Nach der Meinung meiner Lehrmeister an der Universität kannte ich einige Geheimnisse der philippinischen Heilkunst. Keiner wollte sich die Möglichkeit entgehen lassen, sie durch meine Vorführung kennenzulernen. Der Chefarzt bestellte mich in sein Dienstzimmer und erklärte mir:

»Ihre Prüfung besteht darin, daß Sie mit den Mitteln, die Ihnen zur Verfügung stehen, eine Naht machen. Wenn Ihnen das gelingt, bekommen Sie Ihr Diplom ...«

Ich war einverstanden, obwohl ich vor Angst zitterte. Ich hatte noch nie eine Wunde vernäht. Aber ich hatte keine andere Wahl, ich mußte die Herausforderung annehmen. Ich wollte mein Diplom! Ich begriff nicht, daß ich zum Spielzeug der Professoren geworden war, wie eine Maus, die man von einer Zimmerecke in die andere jagt.

Ich stand vor dem Operationstisch, wo unter dem grellen Licht der Lampen eine narkotisierte Frau lag. Ich sehe heute noch ihr totenbleiches Gesicht vor mir. Ich sehe die wachen, neugierigen Augen der Menschen um mich herum und empfinde aufs neue die unheimliche Stille, die damals den Operationssaal erfüllte. Meine Arme und Beine fühlten sich an, als seien sie mit Blei beschwert. Ich wußte plötzlich gar nichts mehr, ich war wie gelähmt. Die Stimme von Professor Tschatschawa rief mich in die Wirklichkeit zurück.

»Fangen Sie an, Sie haben zwanzig Minuten...«

Ich ließ die ersten fünf Minuten nutzlos verstreichen, ich wußte nicht, was ich tun sollte. Plötzlich vernahm ich die Stimme meines Vaters.

»Füge die Naht zusammen, meine Tochter!«

Dann ging alles wie von selbst. Mit schnellen, exakten Bewegungen, ohne Nadel und Katgut, nur mit den bloßen Fingern arbeitend, führte ich das Gewebe zusammen. Unter den Augen aller Anwesenden entstand die Naht. Ich war mit der Arbeit fertig, als ich die Stimme des Professors hörte.

»Stopp, die Zeit ist um.«

Zwei Assistenten beugten sich über die Patientin. Mit der Pinzette prüften sie die Verbindungsstelle auf ihre Festigkeit hin, die Naht hielt dieser Prüfung stand. Es war dann der Chirurg, der meine »Prüfung« beendete.

»Schluß! Wir können die Frau nicht länger

unter Narkose halten, wenn wir kein Lungenödem riskieren wollen ...«

Die operierte Patientin wurde aus dem OP gerollt. Wie in Trance ging ich hinaus, bahnte mir einen Weg durch die neugierigen Menschen, die bereits von dem merkwürdigen Eingriff gehört hatten. Ich versteckte mich in einem abgelegenen Raum. Zwei Stunden wartete ich auf die Entscheidung der Experten. Es waren dann die Augenzeugen der Operation, die mir feierlich das Diplom überreichten. Aber ich konnte mich nicht darüber freuen, nicht nach dieser Prüfung, die sie mir auferlegt hatten. Wie seltsam Ärzte sein können! Wiederholt hatte ich ihnen erklärt, wie ich behandle und heile, welche Wirkung meine Hände auf den Kranken haben, aber sie hatten mir nie richtig zugehört. Erst jetzt, als sie mit den »Wundern der philippinischen Medizin« konfrontiert worden waren, glaubten sie mir. Ein paar Stunden nach der Operation suchte ich die Patientin auf, aus Neugier und weil ich mich für ihr Wohlergehen verantwortlich fühlte. Die Frau lächelte mich an, sie sah bedeutend besser aus als die meisten Patienten kurz nach einer Operation.

Ich wußte, warum es ihr so gutging: Nicht, weil die Operation so perfekt gelungen war, sondern weil sie ein energetisches Doping erhalten hatte. Ein Effekt, der damals noch keinen Namen hatte. Die Naht sah aus, als sei die Kranke vor drei Tagen operiert worden ...

Die Nachricht von dieser Operation breitete sich mit Windeseile im Krankenhaus aus. Die Kranken kamen zu mir, weil sie sich eine Linderung ihrer Leiden erhofften. Die Folge war, daß sich die Beziehungen zwischen dem Personal des Krankenhauses und mir dann von Tag zu Tag verschlechterten. Zu guter Letzt schlug mir der Chefarzt, liebenswürdig in der Form, aber hart in der Sache, vor, ich solle mir eine andere Arbeit suchen.

Und so gab das Mädchen, das einst im Metro-Café die Gläser gespült hatte, den Beruf der Krankenschwester auf. Ich wurde Masseuse. Ich bekam eine Stelle an der Sporthochschule Tiflis, wo ich unter anderem die Fußballmannschaft »Dynamo Tiflis« betreute. Ich befaßte mich nicht nur mit der Massage, sondern auch mit der psychologischen Vorbereitung der Spieler auf ihr Spiel und glaube, daß ich zu manchem Sieg der Mannschaft meinen Teil beigetragen habe, zum Beispiel als die Männer beim Pokalspiel in Moskau, geführt von ihrem Trainer Manutschar Matschaidze, »Dynamo Moskau« besiegten.

Nicht nur in der Sportmedizin ist die Massage seit langem als Mittel zur Kräftigung des Körpers und als Prophylaxe gegen Traumata anerkannt. Mit Hilfe von Massage kann eine Reihe von Krankheiten geheilt werden. Darum wird diese Therapie auch von den Befürwortern als »heilende Berührung« bezeichnet. Schon im Altertum hatten die Menschen herausgefunden, daß der Schmerz gelindert wird und schneller abklingt, wenn man die gequetschte oder gedehnte Stelle streichelt.

Die Brahmanen im alten Indien, heilkundige Tempelpriester, legten die Kranken auf ein Massagebett und kneteten sie durch wie Teig. Die gleiche Methode wurde in der Heimat meiner assyrischen Vorfahren angewendet. Bei der Ausgrabung eines assyrischen Königspalastes fand sich ein Basrelief aus Alabaster, auf dem die verschiedenen Methoden der Massage dargestellt sind.

Die Dichter der griechischen Antike erzählen, wie schöne Mädchen die Helden massierten, die nach der Schlacht oder nach einem Zweikampf zusammenbrachen. Nicht nur die Kräfte der Athleten wurden auf diese Weise aufgebaut, auch Wunden wurden dadurch geheilt. Hoch eingeschätzt wurde der Wert der Massage von Hippokrates, dem Begründer der wissenschaftlichen Heilkunde. In seinen Schriften heißt es, daß »ein Arzt in vielen Dingen erfahren sein soll, besonders aber in der Massage, da die Massage ein schlaffes Gelenk festigen und ein verspanntes Gelenk lockern kann«.

Massage wird auf verschiedene Art und Weise in nahezu allen Ländern der Welt angewandt. In den Türkischen Bädern von Tiflis kann man heute noch sehen, wie die Masseure den Körper des Kunden nicht nur mit den Händen, sondern auch mit den Füßen bearbeiten; diese Methode kommt aus der Türkei und aus Persien. In den berühmten russischen Dampfbädern wird der Körper mit Birkenreisern geschlagen, was einer energischen Massage entspricht.

Ich hatte, als ich meine Laufbahn als Masseuse begann, schon viel über die sowjetische Schule der hygienischen Sportmassage gehört, die in den dreißiger Jahren von Professor Iwan M. Sarkisow-Serasini begründet worden war. Ich nutzte die Entdeckungen, Überlegungen und Schlußfolgerungen des Professors, als ich meine eigene Methode zur Heilung und Prophylaxe entwickelte.

Die These von Professor Sarkisow-Serasini ist, daß die Massage eine dosierte mechanische Reizung des Körpers darstellt, die manuell oder mit Hilfe spezieller Geräte bewirkt werden kann. Die Einwirkung auf den Körper ist ein komplizierter physiologischer Vorgang, an dem viele Organe teilhaben. Die führende Rolle bei dem Ganzen spielt das zentrale Nervensystem. In erster Linie werden die Nervenenden in der Haut, die Muskeln und das Gewebe beeinflußt, die mit dem zentralen und dem vegetativen Nervensystem verbunden sind.

Die mechanische Energie der Massage geht in die Energie der Nervenreize über, die das erste Glied in einer langen Kette von Reflexen bildet. Über besondere Leitwege erreichen die Impulse bestimmte Stellen der Großhirnrinde, wo sie eine komplizierte Reaktion hervorrufen, welche wiederum verschiedene funktionale Veränderungen im Körper zur Folge hat. Die zentripetalen Impulse verändern nicht nur den funktionalen Zustand der Großhirnrinde, sondern auch den des Rükkenmarks und des Kleinhirns.

Wie Professor Sarkisow-Serasini bewiesen hat, bilden sich in der Haut biologisch aktive Stoffe, die von dort aus ins Blut gelangen. Diese Stoffe werden als Gewebehormone bezeichnet, welche an vasomotorischen Reaktionen, an der Übertragung von Nervenimpulsen und an anderen Reaktionen teilnehmen. Das Azetylcholin, das sich in den Zellen in passivem, gebundenem Zustand befindet, geht infolge der Massage in den aktiven, gelösten Zustand über; dieser Stoff spielt eine wichtige Rolle bei der Reizübertragung von einer Nervenzelle zur anderen.

Nicht minder wichtig ist die mechanische Einwirkung der Massage auf das Gewebe, wobei man Dehnung, Verschiebung, Druck, Reibung und Verdrehung unterscheidet. Durch diese mechanische Einwirkung wird die Blut-, Lymph- und extrazelluläre Flüssigkeitszirkulation aktiviert; die Massage hilft zugleich bei der Entfernung der sich absondernden Epidermiszellen. Mechanische Massage führt zur Eliminierung von Stauungen, verstärkt den Stoffwechsel und intensiviert die Hautatmung an der massierten Stelle.

Da Massage so vielseitig wirkt, kann sie bei fast allen Krankheiten angewendet werden. Professor Sarkisow-Serasini lehrte, und seine These wurde später von zahlreichen Praktikern bestätigt, daß die Massage den Gefäßkreislauf fördert; den Tonus der Blutgefäße, das heißt den Spannungszustand des Gewebes erhöht; die Gewebeinfiltrate aufsaugt; den arteriellen Kreislauf verbessert; eine positive Wirkung auf Hypertoniker ausübt und der Gesundheit aller Menschen zuträglich ist, die sich zu wenig bewegen. Massage ist auch bei Stenose angebracht. Die »heilende Berührung« wirkt auch bei Kopfschmerzen, bei der Vorbeugung gegen Fettablagerungen und bei der Beseitigung von bestimmten physischen Defekten Wunder, sie kann zum Beispiel den Umfang der Zwillingswadenmuskeln vergrößern und zur Verbesserung der Körperhaltung eines Menschen beitragen. Durch Massage kann eine ganze Reihe von Krankheiten gelindert oder geheilt werden.

Ich nehme an, daß Professor Sarkisow-Serasini mit mir zufrieden sein würde, wenn er die Liste der Erkrankungen läse, die nach meiner Erfahrung durch Massage günstig beeinflußt werden können. Er würde etwas erstaunt sein, wenn er bei meinen Massagen zugegen wäre. Ich habe ziemlich starke Hände, aber ich habe nur selten den Körper eines Patienten »geknetet«. In den meisten Fällen berühre ich den Kranken kaum, und manchmal führe ich die Massage durch, ohne den Kranken überhaupt anzufassen. Die Hände bleiben in einiger Entfernung vom Körper.

An dem Massagesystem, das von Professor Sarkisow-Serasini entwickelt worden ist, interessierten mich nicht nur die praktischen Erfahrungen, sondern vor allem die Wirkungsprinzipien. Ich nutzte diese Prinzipien, weil sie meine Vermutungen bestätigten; außerdem dienten sie mir dazu, meine Gabe zu vervollkommnen. Jetzt wissen Sie, warum meine Methode und ähnliche Heilmethoden »kontaktlose Massage« genannt werden.

Als ich aus dem Krankenhaus gewiesen wurde, ging meine Ehe in die Brüche. Ich trennte mich von Viktor Dawitaschwili im Zorn, aber ich habe ihm längst verziehen. Mein Sohn trägt seinen Namen, und ich bin Viktor für viele schöne Stunden gemeinsamen Lebens dankbar. Ich hoffe, daß auch er mir verziehen hat, weil ich für ihn keine »richtige« Frau im traditionellen Sinne des Wortes sein konnte.

Ich stürzte mich kopfüber in die Arbeit. Meine Zeit widmete ich dem Krankendienst und meinem kleinen Sohn Wachtang. Widerstrebend und mit schlechtem Gewissen ließ ich zu, daß mir Verwandte und Freunde einen Teil der Sorgen abnahmen, die mit der Erziehung jedes Kindes verbunden sind. Blumen und Freunde mehrten sich in meinem Haus. Die Patienten wurden meine Freunde. Sie fanden es keineswegs selbstverständlich, daß sie geheilt worden waren, sondern kamen zu mir, um sich zu bedanken. Oft mußte ich Menschen, die mich wie eine Heilige anstarrten, mit einem Scherz davon abbringen. Sie sollten wissen, daß ich eine junge Frau bin, die gerne lacht und auch gerne über andere Menschen redet.

Eine meiner Freundinnen heißt Lali. Sie wohnt in einer stillen Gasse von Sabuntschi, einem Vorort im Norden von Tiflis.

Ich saß bei einem bescheidenen Abendessen mit ihr zusammen. Ich aß mit großem Appetit, Lali aber konnte keinen Bissen herunterbekommen.

»Ich habe schreckliche Kopfschmerzen, Dshuna. Und leider habe ich keine Kopfschmerztabletten zu Hause. Die Apotheke ist schon zu. Es ist auch schon zu spät, um einen Nachbarn zu wecken. Ich weiß nicht, was ich tun soll...«

»Vielleicht kann ich deine Kopfschmerzen wegbringen«, sagte ich ruhig.

»Und wie?« fragte Lali. Sie verstand überhaupt nicht, wovon ich redete.

Ich lächelte. »Omas Medizin.«

»Omas Medizin?«

»Du brauchst keine Angst zu haben, ich werde nur meine Hände über deinen Kopf halten.«

Lali sah mich von der Seite her an.

»Das ist doch Quacksalberei.«

Ich lachte. »Was ist schon Schlimmes dabei? Ich habe doch nur Gutes im Sinn. Laß es uns versuchen.«

Die Kopfschmerzen waren so schlimm geworden, daß Lali nachgab. Ich sprang auf und breitete meine Hände über ihren Kopf aus.

»Aua!« schrie Lali. Sie versuchte, meine Finger fortzuschieben. »Was hältst du da in der Hand?«

Als sie sah, daß ich kein Instrument in den Händen hielt, beruhigte sie sich. Sie saß da, wir schwiegen. Ich bewegte meine Hände über ihren Kopf, und Lali begann in dem von mir bestimmten Rhythmus von einer Seite auf die andere zu schwanken. Ich mußte mich anstrengen, um mein Erstaunen vor Lali zu verbergen. Noch nie hatte ich bei einer Massage eine solche Wirkung erzielt, ich hatte etwas Neues entdeckt.

»Spürst du etwas?« fragte Lali gedämpft.

»Ja, ich spüre, daß dein Kopf...«

»...leer ist«, vollendete sie meinen Satz. Sie lachte.

»Jedenfalls dürftest du jetzt keine Kopfschmerzen mehr haben«, sagte ich.

Lali sah mich an wie ein Weltwunder. »Du bist eine Zauberin. Der Schmerz ist weg, so als ob du ihn aus meinem Kopf herausgenommen hättest.«

»Das habe ich auch. Ich habe ihn mit den Händen weggenommen.«

»Ist das wahr? Mit deinen Händen? Warte bitte!« Sie eilte zur Tür. »Ich möchte unbedingt noch ein kleines Experiment machen.« Sie lief auf den Flur und rief: »Margo, komm mal her!«

Ihre kleine Schwester betrat mit einer geschwollenen Backe und tränenfeuchten Augen das Zimmer.

»Was ist denn mit dir los?« fragte ich.

Es war Lali, die für Margo antwortete. »Der Zahnarzt hat ihr vor zwei Tagen den Weisheitszahn gezogen. Sie hat immer noch Schmerzen.« Lali legte mir die Hand auf die Schulter. »Versuch es noch einmal, Dshuna.« Sie wandte sich zu ihrer Schwester. »Setz dich auf den Hocker, Margo. Du wirst sehen, gleich fühlst du dich wie neu geboren ...«

Gehorsam ließ sich Margo auf dem Hocker nieder. Lali befreite sie von den Tüchern, die sie sich um den Kopf gewickelt hatte.

»Sie hat hohes Fieber, fast 40° C.«

Ich näherte meine Hand dem entstellten Gesicht des Mädchens. Ich spürte schmerzhafte Stiche in den Fingern, ähnlich wie bei einer Hand, die eingeschlafen ist.

»Unterkiefer?«

Margo nickte und stöhnte auf. Ich bewegte meine Hand an ihrem Kiefer entlang und stellte fest, daß der Tampon noch in der Wunde steckte.

»Der Zahnarzt hat den Tampon dringelassen.«

Jetzt übernahm Lali, die Ärztin ist, die Initiative. Sie ließ mich die Stehlampe halten.

»Genau! Da sieht man etwas Weißes. Die Operation wurde doch von einem erfahrenen Zahnarzt in der Poliklinik durchgeführt«, murmelte sie zornig. »Wir haben den Mann sogar dafür bezahlt. Kannst du mir mit einer Pinzette die genaue Stelle zeigen?«

Sie holte ihre Arzttasche mit den medizinischen Geräten. Nachdem ich die Pinzette über einem kleinen Spirituskocher sterilisiert hatte, zog ich Margo den vom Zahnarzt vergessenen Tampon heraus.

»Der Zahnarzt hätte ihr zumindest sagen müssen, daß der Tampon nach einer Weile entfernt werden muß.«

Margo weinte noch vor Schmerz, Lali aber legte mit dem Temperament los, das den meisten Georgiern eigen ist.

»Morgen bringe ich dieses Souvenir zu dem Kurpfuscher, der meine Schwester fast umgebracht hat!«

Allmählich beruhigte sie sich. Zusammen mit ihrer Schwester, deren Schmerzen rasch nachließen, redete sie auf mich ein. Ich sei eine Zauberin, und ich solle meine Gaben nicht verstecken, sondern sie den Medizinern vorführen... Lali ist nur eine von vielen Freunden, die mir das rieten. Menschen wie ihr verdanke ich es, daß die Kunde von meinen Fähigkeiten nicht nur zu anderen Patienten, sondern auch zu medizinischen Fachleuten drang, die bereit sind, sich über die Heilkraft des menschlichen Geistes zu informieren.

Einer der ersten Mediziner, die mit mir zum Zweck des Erfahrungsaustauschs Verbindung aufnahmen, war Professor Dr. med. W. N. Puschkin, damals Laborleiter beim Forschungsinstitut für allgemeine und Pädagogische Psychologie an der Akademie der Pädagogischen Wissenschaften der UdSSR. Nach unserem Zusammentreffen im Jahre 1978 schrieb er einen Brief an die verantwortlichen Personen der medizinischen und wissenschaftlichen Organisationen von Tiflis. Ich zitiere: »Die Untersuchung, der Dshuna Dawitaschwili unterzogen wurde, hat folgendes ergeben: Sie verfügt über Fähigkeiten, die als psycho-energetisch bezeichnet werden können. Diese Fähigkeiten offenbaren sich bei ihr während der Diagnose der Zustände von inneren Organen und Systemen des menschlichen Körpers sowie während der von ihr angewandten Therapie zur Regelung und Wiederherstellung gestörter Körperfunktionen. Besonders deutlich treten diese Fähigkeiten bei der Heilung verschiedener Krankheitsbilder hervor.

Die einzigartigen Fähigkeiten von Dshuna Dawitaschwili werden zur Zeit mit Hilfe des Labors des Forschungsinstitutes für allgemeine und Pädagogische Psychologie bei der Akademie der Pädagogischen Wissenschaften der UdSSR näher untersucht. Im Zusammenhang damit bitten wir alle betroffenen Personen und Organisationen, Dshuna Dawitaschwili jede mögliche Unterstützung bei ihrer Heiltätigkeit zukommen zu lassen, da die Forschungsergebnisse, die sie im Verlaufe ihrer Tätigkeit erarbeiten wird, von großem wissenschaftlichem Interesse sein können.«

Professor Dr. Puschkin, der viel zu früh starb, wird mir immer als ein Mensch in Erinnerung bleiben, der vor »Wundern« nicht zurückschreckte, sondern bereit war, sich mit allen Heilmethoden zu befassen, die im Kampf gegen die Krankheit Erfolg versprechen.

Der Rundbrief, den der Professor noch während meines Studiums verfaßte, blieb in Tiflis nicht ohne Wirkung. Zum Beispiel habe ich es diesem Brief zu verdanken, daß ich in der Poliklinik, von der ich bereits sprach, überhaupt eine Anstellung erhielt. Erinnern Sie sich, wie ich an der Operation teilnahm und die Naht machte, für die man mich mit dem Diplom belohnte? Ich habe von meiner Arbeit nicht nur die Erinnerung an den Dank der geheilten Kranken behalten, sondern auch ein Dokument, das von dem Gynäkologen der Poliklinik unterzeichnet ist. In dem Dokument wird der Verlauf der von mir bereits beschriebenen Operation aus der Sicht eines erfahrenen Arztes geschildert.

»Im Jahre 1979 war Dshuna von uns gebeten worden, eine Reihe von Experimenten in der Poliklinik durchzuführen. Ziel der Versuche war die Erforschung der Phänomene, die während ihrer Heiltätigkeit beobachtet worden waren.

Im Rahmen der von Dshuna Dawitaschwili vorgeschlagenen Methodik wurde eine größere Anzahl Experimente mit Gruppen von Patienten durchgeführt, die an verschiedenen Krankheiten litten. Außerdem gab es Kontrollgruppen von Patienten mit der gleichen Diagnose, die ohne Dshunas Einwirkung vom ärztlichen Personal behandelt wurden. Die Ergebnisse waren eindrucksvoll, aber die Skepsis und die psychologischen Barrieren bei den Ärzten waren so stark, daß sie sich nicht dazu durchringen konnten, Dshunas Einwirkung auf den Verlauf der Krankheiten zu akzeptieren.

Im Verlauf der Experimente wurde Dshuna auch in die gynäkologische Station unserer Klinik eingeladen, wo sie der Entfernung eines Uterusfibroms beiwohnte. Nachdem die Naht auf das Bauchfell und auf die Aponeurose gelegt war, schloß sie den Schnitt durch die Bewegungen ihrer Hände, ohne dabei die Wunde zu berühren.

Im Verlauf von fünfzehn Minuten epithelisierte die Wunde, und es bildete sich eine saubere Naht. Die postoperative Phase verlief ohne Komplikationen.

Die Kranke konnte zehn Tage nach der Operation in gutem Zustand entlassen werden.

Ich bedauere, daß die Operation nicht gefilmt wurde.

Dr. med. S. M. Schamlikaschwili
Verdienter Arzt der Georgischen SSR«

Das Gutachten eines hochqualifizierten Arztes ließ mich an die vorhergegangene Operation und an das gespannte Verhältnis denken, das auf diese Weise zwischen dem größten Teil des ärztlichen Personals und mir entstanden war. Ich hatte ehrlich gehofft, daß die Ärzte über meine Fähigkeiten ernsthaft diskutieren und daß sie meine Methode in ihre Behandlung übernehmen würden. Nach wie vor bin ich dankbar, daß mir im Rahmen einer komplizierten Operation Gelegenheit gegeben wurde, einen Nachweis für meine Fähigkeiten zu erbringen. Ich konnte überzeugend demonstrieren, daß das Arsenal meiner Möglichkeiten viel reichhaltiger ist, als man es bisher angenommen hatte. Die allgemeine Anerkennung jedoch blieb mir versagt. Ich wollte Heilerin werden, den Menschen helfen. Aber niemand half mir bei meinem Start. Ich kam mir wie ein Astronaut vor, der ins Weltall geschossen wird, ohne daß man ihm die Möglichkeit gegeben hatte, zuerst die Grenzen seiner Belastbarkeit in einer irdischen Zentrifuge zu überprüfen. Über meine Fähigkeiten als Heilerin gab es damals nur ein einziges offizielles Gutachten, eines, das nicht gerade vor Wohlwollen überfloß. Dieses Gutachten, das auf der Meinung einer Reihe von Professoren basierte, wurde auszugsweise in einer Zeitung veröffentlicht:

»Es war eine Gruppe von sieben Kranken gebildet worden (Dshuna Dawitaschwili hatte Frauen ausgewählt, die an gynäkologischen Komplikationen litten). Der Verlauf der Heilung wurde kontrolliert, und über die Experimente wurde ein Protokoll geführt. Es liegen zytologische Analysen, Fotos und Farbdias vor. Die Kranken wurden vor, während und nach der Behandlung durch Dshuna Dawitaschwili (etwa 15–20 Sitzungen) von einer Kommission untersucht. Die Kommission kam zu der Schlußfolgerung, daß keine positiven Veränderungen bei den Kranken erzielt worden waren. Zwar war bei einigen Patientinnen eine Tendenz zur Vernarbung des geschädigten Gewebes festzustellen, jedoch sind wir der Meinung, daß diese Vernarbungen dem positiven Einfluß der Krankendiät und der strikten Einhaltung der persönlichen Hygiene, wie sie während des Aufenthaltes in der Klinik gewährleistet wird, zu verdanken sind.«

Als ich das Gutachten las, war ich den Tränen nahe. Was die Professoren da sagten, stellte meine ganze Arbeit in Frage. Allerdings enthielt das Dokument, ohne daß die Verfasser dies beabsichtigt hätten, einen Hinweis darauf, daß meine Behandlung sehr wohl positive Veränderungen im Zustand der Patientinnen bewirkt hatte. Denn natürlich kann man eine Tendenz zur Vernarbung des erkrankten Gewebes nicht mit der verbesserten persönlichen Hygiene eines Patienten begründen. Zwischen beidem einen Zusammenhang herzustellen, ist einfach lächerlich.

Damals allerdings lachte ich nicht, sondern weinte bittere Tränen. Nach der Operation, bei der ich die Naht machte, ohne die Patientin zu berühren, sperrte ich mich im Zimmer der Masseuse ein. Ich heulte drei Stunden lang. Lieber Gott, schluchzte ich, wofür strafst du mich so hart? Ich bin doch nur ein junges Geschöpf, das anderen Menschen helfen will. Statt mir das Leben leichtzumachen, kämpfe ich für Neuerungen, die eine Revolution in der Medizin herbeiführen können. Warum bin ich vom Himmel mit einer Gabe gesegnet, deren Vorteile die Menschen, auf die es ankommt, so schwer verstehen?

Mir blutete das Herz, als die Leitung der Klinik mir das sauer verdiente Diplom überreichte. Die Ärzte, die mir gratulierten, waren die gleichen, die mir wenige Tage später kündigten. Ich wußte auch, warum mir gekündigt wurde. Man wollte vermeiden, daß die Kranken zu mir kamen. Man wollte verhindern, daß sich um mich der Nimbus einer Wunderheilerin bildete...

Ich war damals drauf und dran, das Heilen für immer aufzugeben. Ich wollte fortlaufen, mich verstecken, meinen Namen wechseln. An das unglückliche Wesen, das einige Zeit lang als »Dshuna« fungiert hatte, wollte ich nie mehr erinnert werden. Es gelang mir, meiner Verzweiflung Herr zu werden. Ich fühlte, daß es mir bestimmt war, als Heilerin zu wirken und dabei einen Weg zu gehen, auf dem andere mir folgen konnten...

Damals, im Jahre 1979, habe ich die nötigen Schlüsse gezogen. Ich habe verstanden, daß man nichts im Handumdrehen erreichen kann. Erst besinnen, dann beginnen – nach diesem Sprichwort wollte ich handeln. Es war von entscheidender Wichtigkeit, daß ich meine Ungeduld, meine Leidenschaft bändigte. Die Probleme, die es gab, mußte ich nacheinander lösen. Ich mußte jeden meiner Schritte analysieren.

In einem anderen Kapitel werde ich ausführlich auf meine Beteiligung an wissenschaftlichen Experimenten bei einem internationalen Kongreß eingehen. Der Kongreß war psychischen Phänomenen gewidmet. War es Zufall, daß diese Veranstaltung, die für mich so viel bedeutete, in Tiflis abgehalten wurde? Die Menschen haben es mir nie sehr leichtgemacht, die Vorsehung aber ist immer sehr großzügig zu mir gewesen...

Mit der Zeit habe ich gelernt, positive Veröffentlichungen über mich mit einem gewissen Vorbehalt zu werten. Ich weiß, daß ein Artikel in einer Zeitung oder Zeitschrift, auch wenn er aufsehenerregende Details über meine Arbeit enthüllt, die allgemeine Skepsis der Heilkundigen und ihre geistige Trägheit, was die von mir vorgeschlagenen Neuerungen anbetrifft, nicht überwinden kann.

Immerhin machte ich die Feststellung, daß sich immer mehr Menschen für meine Arbeit interessierten. Wann immer über meine Heilungen berichtet wurde, kam es zu einem Eklat.

Natürlich hatte ich damit gerechnet, daß irgendwann in der Presse auch einmal ein positiver Bericht über meine Behandlungsmethoden erscheinen würde. Es war ein solcher Bericht, der schließlich dazu führte, daß ich von Tiflis nach Moskau eingeladen wurde, wo ich meine Fähigkeiten vor einem Forum von Wissenschaftlern demonstrieren sollte. Nach dieser Vorführung traten nicht nur zahlreiche Mediziner mit mir in Kontakt, sondern auch Personen und Institutionen, die mit der Heilkunde wenig oder nichts zu tun haben. Ich meine die Psychologen, Journalisten und Philosophen.

Am 12. März 1980 erschien in »Trud«, der größten gewerkschaftlichen Zeitung der Sowjetunion, ein Interview, das ein Reporter mit Professor Spirkin, dem korrespondierenden Mitglied der Akademie der Wissenschaften der UdSSR, geführt hatte. Der Professor äußerte sich positiv über die Möglichkeiten des Biofeldes bei der »Entschärfung« von Krankheiten und stützte sich dabei auf Fallbeispiele aus meiner Praxis.

Ich habe Spirkin schon am Anfang meines Buches zitiert. Gestatten Sie mir, daß ich eine weitere Stellungnahme des Professors anführe:

»Im Westen gibt es nur drei Personen, die mit ähnlichen Gaben ausgestattet sind wie Dshuna Dawitaschwili. In der Sowjetunion sind mir fünf Personen bekannt, die nach einer Methode behandeln, die der von Dshuna vergleichbar ist. Allerdings verfügt Dshuna über das stärkste Biofeld von allen. Ihre Frequenzen sind bedeutend stärker, und ihre Gabe ermöglicht es ihr, Diagnose und Heilung mit Erfolg durchzuführen.«

Immer häufiger erschienen Berichte in der Presse, in denen von meinen außergewöhnlichen Fähigkeiten die Rede war. Wenn ich wankelmütig wurde, las ich diese Artikel. Ich suchte Passagen, die die Mediziner zwingen würden, mehr Aufmerksamkeit als bisher auf die ungeheuren Reserven zu richten, die in der menschlichen Psyche verborgen liegen. Immer noch hoffte ich, daß die Berichte in der Presse dazu führen würden, daß meine Behandlungsmethoden und meine Fähigkeiten in den Dienst der ganzen Menschheit gestellt würden.

Es gab durchaus Publikationen, die mich diesem Ziel näher brachten. So veröffentlichte ein gewisser K. Arsenjew in der Zeitschrift »Technika molodjoshi« (»Technik und Jugend«, Heft 3, 1980) einen Artikel über meine Heilkunst. Der Bericht war mit dem Titel »Die Phänomene können jetzt erklärt werden« versehen. Ich zitiere:

»Es scheint, daß die heutigen Experimente den Beginn umfassender Untersuchungen auf diesem Gebiet darstellen. Wer sollte in der nahen Zukunft Objekt der größten wissenschaftlichen Aufmerksamkeit sein, wenn nicht der Mensch? Wir meinen, daß nicht Transistorradios von der Größe eines Streichholzkopfes und auch nicht das holographische Fernsehen das eigentliche Wunder darstellen, sondern die neuen Entdeckungen auf dem Gebiet des Biofeldes, Erkenntnisse, die völlig neue Möglichkeiten für uns alle bereithalten. Eine Wissenschaft ist keine Wissenschaft, wenn sie auf dem erreichten Kenntnisstand verharrt.«

Die Journalisten sind meist ziemlich forsch und auf Sensationen aus. Wissenschaftler dagegen neigen zur Vorsicht, sie kleiden ihre Schlußfolgerungen in karge Worte.

Zu Beginn meiner Laufbahn als Heilerin und auch heute noch neigen Physiker und

Ärzte dazu, meine Gabe als ein Phänomen zu betrachten, das sich jederzeit in Nichts auflösen kann, so wie sich eine Vermutung oder eine Vorahnung verflüchtigt, wenn sie vom wirklichen Leben eingeholt wird. Es ist ein merkwürdiges Gefühl, das Objekt einer solchen Einschätzung zu sein. Wenn ich die kritischen Äußerungen der Wissenschaftler las, glaubte ich manchmal selbst, daß ich nur eine Hypothese sei und meine Existenz noch von der Wissenschaft bewiesen werden müsse.

Mit bitterer Ironie dachte ich an den englischen Biologen Julian Sorell Huxley, der gesagt hatte: »Die große Tragödie der Wissenschaft besteht darin, daß sehr oft eine schöne Hypothese durch eine häßliche Tatsache zunichte gemacht wird.«

Ich wußte tief in meinem Herzen, daß dieser Spruch auf mich nicht zutraf. Meine Arbeit und ich selbst sind längst keine Hypothese mehr. Was ich leistete, das wird von vielen Menschen anerkannt, die von mir geheilt worden sind. Schon damals befreite ich zahlreiche Patienten von den verschiedensten Krankheiten.

Im Winter drängten sich die Menschen in meine Tifliser Wohnung. Weil mein Zuhause nicht groß war, hielt ich die Heilbehandlungen während des Sommers – der Sommer in diesen Breiten ist Gott sei Dank lang – im Hofe meines Hauses ab. Manchmal gab es mehrere Hundert Menschen, die mir bei der

Arbeit zusahen, Personen, die sich von mir behandeln lassen wollten, aber auch viele Neugierige.

Laß sie nur zuschauen, sagte ich mir. Ich habe vor niemandem etwas zu verbergen.

Nach den Behandlungen war ich todmüde. Es waren dann die abendlichen Begegnungen mit den verschiedensten Menschen, bei denen ich meine Kräfte wieder aufbaute. Ich interessierte mich für jeden. Jeder Mensch ist ein neuer Planet, und jedes Schicksal ist eine Seite in einem großen Buch. Ich blättere die Seiten dieses Buches um, eine nach der anderen, spüre Schmerz und Freude dabei. Mal lache ich, mal weine ich bittere Tränen. Immer aber ist mir bewußt, daß sich hinter jeder Seite ein menschliches Schicksal verbirgt. Schon damals, als ich zu heilen anfing, war diese Erkenntnis der rote Faden. So gut ich es konnte, half ich den Menschen, den oft schwierigen, verworrenen Weg zur Gesundheit zu gehen.

Natürlich bin ich oft Zielscheibe von Spott und Verleumdung gewesen. Ich hatte und habe Neider. Es gibt Leute, die nicht begreifen wollen, warum ich als Heilerin für alle da bin, warum ich niemandem absage. Es gibt Ärzte, die sich darüber ärgern, daß die Patienten lieber zu mir kommen, als sich in die Behandlung eines approbierten Mediziners zu begeben. Man wundert sich, daß ich meine Kranken nur selten frage, wer sie sind und woher sie kommen. Ich will nicht wissen, wo sie arbeiten und wann sie geboren sind, oft frage ich nicht einmal nach ihrem Namen.

Unter den Kranken, die ich behandelte, ohne ihren Namen zu kennen, war ein Mann, der bei entscheidender Gelegenheit ein gutes Wort für mich einlegte. Ich habe erst Jahre später von Oleg Finko, Berichterstatter der Zeitung »Komsomolskaja Prawda«, erfahren, daß es sich dabei um Schota Alexandrowitsch Lomidze, den stellvertretenden Minister für Gesundheitswesen der Georgischen SSR, handelte.

Schota war inkognito zu mir gekommen, obwohl er über die Möglichkeit verfügte, sich von den besten Fachärzten behandeln zu lassen. Er war gekommen, weil alle Künste der Ärzte sein Meniskusleiden nicht zu heilen vermochten.

»Immer in Gips, immer auf Krücken, so macht das Leben keine Freude mehr«, klagte er vor Beginn der ersten Sitzung.

Dem Berichterstatter der »Komsomolskaja Prawda« erzählte er, was ihm bei seinen Besuchen in meinem Hause aufgefallen war.

»Ich beobachtete Dshuna zu jeder Tageszeit, morgens, mittags und abends. Sie behandelte die Kranken, ohne vorher ein Honorar zu vereinbaren.«

Schota war überrascht, als ich das von ihm angebotene Geld zurückwies. Positiv vermerkte er, daß ich allen meinen Kranken empfahl, weiter zu den behandelnden Ärzten zu gehen und die von den Medizinern verordneten Arzneien zu nehmen.

In seinem Bericht zitiert Oleg Finko den Minister noch mit einer anderen Äußerung. »Dshuna arbeitet wie eine Besessene. Sie schont sich nicht, sie kennt keinen Zeitplan, keine Mittagspause. Was will sie mit all der Arbeitswut erreichen? Nachdem ich sie kennengelernt habe, ist das für mich kein Rätsel mehr. Sie möchte vor allem eines: Daß die Ärzte die erfolgreichen Heilmethoden übernehmen, die sie entwickelt hat.«

Der Journalist wäre ein schlechter Journalist gewesen, hätte er sich nicht auch bei dem stellvertretenden Minister nach dem Ergebnis der Behandlung erkundigt. Schota Lomidzes Antwort war:

»Nach der siebten Sitzung konnte ich meine Krücken fortwerfen. Ein chirurgischer Eingriff, wie man ihn mir vorgeschlagen hatte, war nicht mehr erforderlich. Heute bin ich gesund...«

Schota verriet der Zeitung auch, daß er eine Reihe von Wissenschaftlern kenne, die sich bei mir behandeln ließen und ihre Gesundheit zurückerlangten, ohne daß sie es für nötig befunden hätten, diese Tatsache in einem Gutachten zu dokumentieren.

Heute weiß ich, daß ich von Anfang an die Krankengeschichten hätte niederschreiben müssen. Aber damals sah ich dafür keine Notwendigkeit. Ich vertraute den Menschen. Lange Zeit machte ich keinerlei Aufzeichnungen, ich führte nicht einmal ein »Gästebuch«. Ich hatte ja keine Ahnung, daß ich es einmal brauchen würde.

Nun will ich Sie mit einigen Gutachten über meine Heiltätigkeit, die ich gesammelt habe, bekannt machen.

Ich möchte zuvor noch erwähnen, daß ich in diesem Buch und in allen anderen Veröffentlichungen, die ich mache, den hippokratischen Eid befolge, Krankengeschichten nur mit dem Einverständnis des Patienten zu veröffentlichen, und selbstverständlich sind alle Gutachten und Protokolle in diesem Buch unverändert wiedergegeben, also in der Form, in der sie erstellt worden sind.

A. Matschawariani, georgischer Komponist und Volkskünstler der UdSSR, schrieb:

»Seit 1977 litt ich an Bronchialasthma in akuter Form. Ich hatte häufig Anfälle und litt unter Asphyxie. Die pfeifenden Geräusche in meinen Bronchien waren so laut, daß ich manche Nacht kein Auge zumachte. Ich wurde mit Triamsylon, Kenakort, Euphilin, Theophedrin behandelt. Ich nahm auch des öfteren Asthmopent ein, aber alles war vergeblich. Heute lasse ich mich von Dshuna Dawitaschwili behandeln, ich habe bisher etwa fünfzehn Sitzungen bei ihr gehabt. Die Besserung trat schon nach den ersten Sitzungen ein. Die Atmung wurde leichter, ich brauchte keine Medikamente mehr einzunehmen. Ich schlief ruhiger, die pfeifenden Geräusche in den Bronchien verschwanden.«

Ein anderer Fall. Die Ärzte der Poliklinik der Eisenbahner hatten dem Patienten N. Korolkow, Doktor der technischen Wissenschaften, folgende Diagnose gestellt: Endangitis. Korolkow versuchte sein Glück bei zahlreichen Ärzten und in einer Reihe von Kliniken, aber seine Krankheit wurde immer schlimmer. Nach vier Jahren konnte er keine hundert Meter mehr gehen, ohne eine Rast einzulegen. Die Zehen an beiden Füßen wurden blau, er hatte fast unerträgliche Schmerzen. Die Beschwerden wurden in der traumatologischen Station der Poliklinik der Eisenbahner etwas gelindert, aber nur für kurze Zeit. In der Folge hielt sich Korolkow von den Ärzten fern und setzte seine Hoffnung in die verschiedensten Hausmittel. Die Beschwerden waren jetzt nicht mehr so schlimm, aber immer noch fühlten sich seine Beine kalt an.

Der Patient in einem Brief: »Dshuna Dawitaschwili begann meine Behandlung am 23. Mai 1979 in der Poliklinik der transkaukasischen Eisenbahner. Schon nach der ersten Sitzung war ich geheilt. Ich konnte jetzt gehen, ohne alle paar Schritte Rast zu machen. Die Zehen, bis dahin bläulich verfärbt, gewannen ihre natürliche Farbe zurück. Ich konnte meine Füße wieder spüren.«

Ein anderer Patient fällt mir ein: Wladimir

Georgijewitsch Sutschkow, der seit September 1979 an beiden Beinen gelähmt war. Vier Monate lang war der Patient bei erfahrenen Ärzten in Behandlung. Er bekam Massage verordnet. Zusätzlich zu den physiotherapeutischen Maßnahmen wurde er mit Medikamenten behandelt. Akupunktur und Hypnose wurden angewandt, alles ohne Ergebnis. Sutschkow wurde zum Invaliden erklärt.

»Ich war in einer schier ausweglosen Situation, als ich zu Dshuna Dawitaschwili ging«, schreibt Sutschkow. »Nach fünfzig Sitzungen bei der Heilerin konnte ich zum ersten Mal wieder auf eigenen Beinen stehen. Ich konnte mit Krücken laufen. Die verlorengegangene Empfindlichkeit der Füße ist zurückgekehrt. Jeder neue Tag bringt Besserung.«

Und nun ein anderer Fall, der medizinisch viel einfacher liegt. Der Wert des Briefes liegt für mich darin, daß er von dem Literaturkritiker K. Imedaschwili geschrieben worden ist. Der Beruf eines Kritikers setzt eine strengere Einschätzung der Dinge voraus, als man sie anderen Menschen zubilligt.

»Einer meiner Freunde, der von Dshuna mit Erfolg wegen seiner Magengeschwüre behandelt wurde, hatte mir vor zwei Jahren empfohlen, mich wegen meiner Erkrankung an die Heilerin zu wenden ... Ich litt unter hohem Blutdruck. Mehrmals hatte ich, weil sich mein Befinden rapide verschlechterte, den Notarzt in Anspruch nehmen müssen. Meine

Arbeitsfähigkeit war gesunken und der Schlaf gestört. Erst seit zwei Monaten gehe ich zu Dshuna. Schon seit der zweiten oder dritten Sitzung weiß ich nicht mehr, was hoher Blutdruck ist. Ich nehme keine Medikamente mehr ein und arbeite jeden Tag bis in die späte Nacht hinein ohne irgendwelche Beeinträchtigungen.«

Die von mir zitierten Briefe wurden in dieser Form im Heft 4 der Zeitschrift »Literaturnaja Grusija«, Jahrgang 1980, veröffentlicht. Der Schriftsteller Rewaz Dshaparidze erwähnte die Fallgeschichten in seinem Essay »Mystik oder Realität?«.

»Was Dshuna uns vorführt, sieht für jeden, der nicht zufällig über die neuesten Entwicklungen auf dem Gebiet der Biologie, Psychologie, Bioelektronik, Medizin und der verwandten Wissenschaften informiert ist, wie Mystik reinsten Wassers aus. Jeder, der die Phänomene mit eigenen Augen sieht, ist verblüfft. Es kommt der Augenblick, wo man aufspringen und schreien möchte: Nein, das ist unmöglich! Das ist alles nur Hypnose, Scharlatanerie! Aber was soll man tun? Soll man sich etwa einreden, daß man das, was man gesehen hat, nicht gesehen hat? Kann ein vernünftiger Mensch eine Tatsache ignorieren? Zwei Beispiele. Ein Patient leidet seit vielen Jahren an Prostatitis, einer Erkrankung der Vorsteherdrüse. Ein anderer leidet an einer nicht weniger verbreiteten Krankheit, an Magengeschwüren. Jedermann weiß, daß die beiden Krankheiten innere Organe betreffen und daß eine Heilung dieser Leiden ohne chirurgischen Eingriff äußerst selten ist. Kaum zu glauben, daß solche Krankheiten durch Handauflegen geheilt werden können. Und doch ist es eine Tatsache, daß beide Patienten nach einer Reihe von Sitzungen gesundeten. Ihre Genesung wurde durch Röntgenuntersuchungen verifiziert.«

Der Schriftsteller fügte die Schlußfolgerung an, daß es sich bei der von mir angewandten Heilmethode um ein ernstzunehmendes Phänomen handelt, um eine Therapie, die zu Umwälzungen auf dem Gebiet der Diagnose und Heilung von Krankheiten führen kann. Diese Schlußfolgerung bekräftigte er mit einem Vorschlag, der für mich, die ich am Anfang meiner Laufbahn als Heilerin stand, von großer Bedeutung war. Dshaparidze erwähnte das bioelektronische Forschungslabor in Moskau und die Filialen dieses Institutes in anderen sowjetischen Städten. Er regte an, daß solch ein Labor auch in Tiflis eingerichtet werden solle. Die Arbeit solle auf wissenschaftlicher Grundlage fortgeführt werden...

Ich lebte damals noch in Tiflis. Ich hoffte auf die baldige Eröffnung eines bioelektronischen Forschungslabors in dieser Stadt. Mehrmals lehnte ich Einladungen ab, die aus Moskau an mich herangetragen wurden. Man hatte mir eine Wohnung in der Hauptstadt und Arbeit in verschiedenen Organisationen in Moskau versprochen. Aber für mich war Tiflis so etwas wie eine zweite Heimat. Ich verspürte keine Lust, meinen Wohnsitz zu verändern.

Während Mediziner und Journalisten noch nach einer Erklärung für die von mir vorgeführten Phänomene suchten, arbeitete ich meine Heilmethode weiter aus. Ich beobachtete die Patienten und den Verlauf ihrer Krankheit in meiner Praxis. Mein »Forschungslabor« war meine Wohnung oder der von wartenden Kranken und Neugierigen überfüllte Hof meines Hauses. Ich hatte jetzt immerhin schon so viel Erfahrung, daß ich den Heilmechanismus in jedem einzelnen Fall bestimmen konnte. Aus dem Heilungsverlauf bei einem Patienten konnte ich Schlußfolgerungen für die Behandlung anderer Kranker ziehen, die an der gleichen Krankheit litten.

Es kam zu Heilungen, die selbst mir unerklärlich blieben.

Es war schon spät in der Nacht, als jemand an meiner Tür klingelte. Ich befreite mich aus den Armen meines schlafenden Sohnes, stand auf und öffnete. Eine junge Frau trat ein. Ihre Augen waren von Tränen gerötet. Sie begrüßte mich mit meinem Vornamen, obwohl ich sie noch nie gesehen hatte.

»Bitte, helfen Sie mir, Dshuna! Mein Sohn

liegt im Sterben. Die Ärzte sind bei ihm, aber sie können nichts mehr für ihn tun. Jetzt sind Sie meine einzige Hoffnung ...«

Rasch zog ich mich an, und wir gingen zusammen in die Nacht hinaus. Die Frau wohnte nicht weit von mir. Sie erzählte mir von ihrer Ehe.

»Mein Mann und ich, wir wurden gegen unseren Willen verheiratet. Sie wissen ja, daß in Georgien die Eltern bei solchen Dingen das letzte Wort haben. Als unser Sohn geboren wurde, wurde die Familie meines Mannes zu meiner Familie, zu meiner Welt. Wenn der Kleine jetzt stirbt, geht alles in die Brüche ...«

Ich schwieg. Ich wußte nicht, wie ich die Frau trösten konnte. Wir betraten das Haus und wurden von einer Menschengruppe empfangen, die um das Bett des kranken Kindes stand. Alle blickten mich an, als hofften sie auf ein Wunder. Mit langsamen Schritten näherte ich mich dem Krankenlager. Der Atem des Jungen war kaum noch wahrnehmbar, das Gesicht leichenblaß.

»Ein Lungenödem, glaube ich«, flüsterte einer der Ärzte.

»Wir können ihm nicht mehr helfen.«

Plötzlich riß das Kind die Augen auf. Es sah mich mit flehentlichem Blick an. Ich begann zu beten. Ich berührte es, und dann führte ich über seinem Körper die Handbewegungen aus, die schon so oft geholfen hatten. Ich arbeitete lange und angestrengt, achtete nicht auf die Blicke der Umstehenden. Als ich meine Behandlung beendete, war das Befinden des Kleinen unverändert. Ich war sicher, daß er sterben würde. Wortlos ging ich zur Tür. Die Mutter kam mir nachgelaufen.

»Dshuna, wird mein Kind leben?«

Ich gab ihr keine Antwort. Ich ging in den Hof hinaus, über dem sich der mit funkelnden Sternen übersäte Himmel wölbte. Einer dieser Sterne würde nun bald erlöschen. Meine Seele füllte sich mit unermeßlichem Schmerz.

Ich ließ meinen Tränen freien Lauf. Ich beschleunigte meine Schritte. Ich wollte so schnell wie möglich wieder bei meinem kleinen Sohn sein, der genauso alt war wie der sterbende Junge. Ich betrat die Wohnung, zog mich aus und legte mich neben Wacho. Ich streichelte ihn und flüsterte ihm zärtliche Worte ins Ohr.

Wacho hörte mich nicht, er schlief. Ich konnte nicht schlafen. Ich lag da und schmiegte mich an den warmen Körper meines Sohnes. Auf einmal war es mir, als hielte ich den sterbenden Jungen, den ich vor wenigen Minuten verlassen hatte, in meinen Armen. Ich hielt Wacho an mich gedrückt, der jetzt zu einem anderen Menschen geworden war. Ich versuchte, sein Blut zu erwärmen, und flehte ihn an, er möge mich nicht verlassen.

Draußen war dunkle Nacht, aber durch das Zimmer fluteten die Sonnenstrahlen. Ich sah das Licht der Sterne, die Farben des Regenbogens, hörte das Rauschen des Regens und das Rascheln des Laubes. Ich spürte alles, was den Menschen mit dem Leben verbindet, alles, was uns Kraft gibt. Das Gefühl für die Zeit war verschwunden. Ich fühlte, wie sich meine Kraft zu der Lebensenergie des kranken Kindes addierte, mein Herz schlug im Takt mit dem seinen. Ich spürte, wie sich der kleine Körper mit einer strahlenden Kraft füllte. Und dann war es wieder Wacho, den ich in den Armen hielt. Ich vermeinte, die Worte zu hören, die er mir einst zugeflüstert hatte: »Ich weiß, Mami, du rettest mich...« Schließlich versank ich in tiefen Schlummer. Ich dachte an gar nichts mehr...

Am frühen Morgen wachte ich auf, weil das Telefon klingelte. Die Mutter des kranken Jungen war am Apparat. Ihre Stimme überschlug sich.

»Vielen Dank, Dshuna! Meinem Sohn geht es besser, die Ärzte haben wieder Hoffnung...«

Einige Tage lang besuchte ich den Kleinen, ich behandelte ihn wie meinen eigenen Sohn. Als er wieder völlig gesund war, erhielt ich von der Mutter einen riesigen Blumenstrauß. Ich war glücklich.

Ich gebe zu, daß ich in jedem Kind meinen Sohn sehe. Ich tue alles, was in meinen Kräften steht, um kranken Kindern zu helfen.

Ich tue das, weil ich es der Zukunft schuldig bin. Die Kinder, das ist unsere Zukunft. Ich schone mich nicht.

Ich bin sicher, alle Mütter werden verstehen, warum ich so denke.

Aber ich möchte nicht nur von den Müttern, sondern von allen Menschen verstanden werden. Viele Menschen kommen zu mir. Manche sind lustig, manche traurig. Im Leben gehen Freude und Leid Hand in Hand, wie untrennbare Zwillinge.

Meine Kräfte sind begrenzt. Es gibt viele Kranke auf der Welt, aber ich kann im Grunde nur wenigen helfen, meinen Freunden und den Freunden meiner Freunde. Ich kann nicht alle heilen, die Heilung brauchen, und deshalb will ich, daß sich über jedem kranken Kind die schützenden Hände seiner Mutter erheben. Ich will, daß die leuchtenden Hände der Mutter dem Kind neues Leben einflößen. Ich will, daß Mütter nicht um ihre Kinder weinen müssen...

Deshalb beharre ich unbeirrbar auf meiner Heilmethode, deshalb will ich mein Wissen den Menschen schenken.

Wir alle sind Kinder der Erde, Kinder der Natur, aus der wir entstanden sind. Wer meine Methode der Heilung versteht, wird in der Lage sein, sein Kind oder seinen Freund zu heilen. Er wird die Hand auf den Kranken legen, und dieser Mensch wird wieder gesunden. Wenn der Kranke geheilt ist, kann man daran gehen, sein Blut zu erwärmen und seine Lebensspanne zu verlängern.

Der Kranke, der gesundet ist, und der Mensch, der ihn geheilt hat, werden Freunde sein. Jeder wird dem anderen Hilfe gewähren, wenn er sie braucht...

Die Blumen in meinem Hause werden immer wieder durch neue Blumen ersetzt. Mit den Blumen kommen neue Freunde in mein Haus. Unter jenen, die mich in Tiflis besuchten, waren auch Nino Ramischwili und Iliko Suchschwili, die in Georgien hoch angesehen sind. Die beiden sind miteinander verheiratet, sie leiten ein Tanzensemble, das schon in vielen Ländern der Welt aufgetreten ist. In Georgien wird die Gruppe schlicht »Suchschwili-Ramischwili-Ensemble« genannt, nach den Namen der beiden Leiter.

Eines Tages kam einer meiner Freunde in mein Haus gestürzt.

»Nino Ramischwili bittet dich, zu ihr zu kommen. Sie ist krank...«

Mein Freund brauchte mich nicht lange zu bitten, bis ich mit ihm ging. Ich hatte Nino immer bewundert, sie gehörte zu den Menschen, die ich unbedingt kennenlernen wollte. Ich tanze selbst gern, auf einer Party, auf einer Hochzeit, wo auch immer.

Die berühmte Nino tat recht verlegen, als ich an ihr Bett trat.

»Entschuldigen Sie bitte, aber ich muß Sie im Liegen empfangen. Die Ärzte haben mir verboten aufzustehen. Ich habe so viel Gutes über Sie gehört, Dshuna...«

Es war dann ihr Mann Iliko, der mit echt georgischem Temperament zur Sache kam.

»Die Ärzte haben eine Lungenentzündung diagnostiziert! Und das ausgerechnet jetzt, wo wir in fünf Tagen zu dem Gastspiel in die USA starten. Können Sie mir sagen, was ich dort ohne Nino tun soll?«

Nein, das konnte ich nicht. Aber ich konnte Iliko bestätigen, daß die Ärzte mit ihrer Diagnose richtiglagen. Trotzdem versprach ich, alles zu tun, was in meinen Kräften stand, um der Frau zu helfen. Drei Sitzungen genügten, dann war die Krankheit so weit abgeklungen, daß Nino mit ihrem geliebten Iliko den Flug nach Amerika antreten konnte. Es wäre ja auch nicht auszudenken gewesen, wenn die Amerikaner auf den Genuß der georgischen Tänze hätten verzichten müssen.

Das Ehepaar und ich wurden gute Freunde. Einmal führte ich den beiden einen assyrischen Tanz vor. Ich dachte mir nicht viel dabei. Was ich angerichtet hatte, wurde mir erst klar, als Iliko sagte:

»Dshunotschka, Sie sind engagiert!«

Ich lächelte nur.

»Sie können wirklich gut tanzen, Dshunotschka.«

»Wenn, dann möchte ich indische Tänze aufführen. Bekomme ich ein indisches Kostüm?«

»Aber natürlich«, versprach die bezaubernde Nino.

Natürlich wurde nichts aus dem Plan. Von einer Reise nach Indien im Kostüm einer indischen Tänzerin träume ich immer noch.

Vor einigen Tagen habe ich einen indischen Geschäftsmann, der in Moskau zu tun hatte, behandelt und von seiner Krankheit befreit. Nach der zweiten Sitzung sagte er:

»Ich fühle mich wie neu geboren. Sie können von mir alles verlangen, was Sie möchten.«

Ich schlug das Honorar aus, das er mir anbot, und bat ihn, mir statt dessen das Kostüm einer indischen Tänzerin zu schicken. Er willigte ein. Jetzt warte ich auf das Versprochene.

Auch wenn ich irgendwann das ersehnte indische Gewand besitzen werde, werde ich wohl kaum eine Tänzerin. Ob ich mich als Schauspielerin eigne? Es könnte sein, daß ich zwischendurch mal bei einem Film mitmache. Wie in Tiflis, so komme ich auch in Moskau oft mit Schauspielern zusammen, mit berühmten und unbekannten.

Ich lebte noch in Tiflis, als ich mich mit der sympathischen Sängerin Medea anfreundete. Sie lud mich in ihr Haus ein.

»Das wird dir Spaß machen, Dshuna. Bei mir kannst du dich von deiner Arbeit erholen.«

Wenig später lernte ich Medeas Vater kennen, er ist ein hochangesehener Filmschaffender in Georgien.

»Bitte, untersuchen Sie mich, Dshuna. Ich habe heftige Magenschmerzen.«

Ich stellte fest, daß sich der Mann nicht umsonst Sorgen machte.

»Sie haben einen Tumor«, sagte ich. »Sie müssen sich schnellstens einem chirurgischen Eingriff unterziehen.«

Medeas Vater erbleichte.

»Es ist kein Krebs«, sagte ich. »Nur ein gutartiger Tumor.«

Meine Diagnose war richtig, sie wurde von den Ärzten bestätigt. Ein Chirurg entfernte den Tumor, aber der Genesende bekam einen heftigen Schluckauf. Drei Tage lang konnte ihm niemand helfen. Er schickte nach mir, obwohl die meisten Ärzte im Krankenhaus dagegen waren, daß ich zu der Behandlung hinzugezogen wurde.

Ich habe schon viele Menschen vom Schluckauf befreit, und so meisterte ich die Situation glänzend. Ich behandelte Medeas Vater unter den aufmerksamen Blicken der Ärzte und heilte ihn. Ich hoffe, daß ich damit einige Skeptiker von meiner Heilmethode überzeugen konnte.

Unter den Filmschaffenden, die ich kennenlernte, befand sich Reso Tabukischwili, ein Regisseur für Dokumentarfilme. Reso hat eine Reihe von Filmen über die großen archäologischen Funde unseres Jahrhunderts gedreht. Nachdem wir uns einige Zeit lang unterhalten hatten, faßte ich Mut und erzählte ihm meinen Traum mit den drei Pyramiden. Genau gesagt weiß ich nicht einmal, ob es ein Traum war, oder ob ich die Pyramiden in Wirklichkeit gesehen habe. Wie auch immer, ich war gespannt, was ein Kenner der Archäologie zu meiner kleinen Geschichte sagen würde.

Reso hörte mich aufmerksam an und blinzelte mit seinen gutmütigen Augen.

»Sehr interessant. Warum machen Sie nicht eine Science-fiction-Story daraus?«

Ich habe Resos Vorschlag zunächst mit einem Scherz abgetan. Ich habe nicht gelernt, wie man Geschichten schreibt, und habe auch nicht die Zeit, mich zum Schreiben hinzusetzen. Dann aber habe ich es mir anders überlegt. Ich habe den Traum mit den drei Pyramiden niedergeschrieben, die kleine Erzählung bekam den Titel »Vertraue dir selbst« und erschien Ende 1984 in der Literaturzeitschrift »Junost« im Rahmen der Anthologie »Junias phantastische Reisen«. »Junost« hat eine Auflage von 3,5 Millionen Exemplaren. Und hier ist die Geschichte:

Wenige Sekunden später saß Junia auf einem kleinen, mit Gras bewachsenen Hügel. Aus der Höhe war der Hügel nicht zu erkennen gewesen. Die drei Pyramiden, die nicht weit davon standen, hatte Junia bei der Landung für drei geometrisch geformte Sanddünen ge-

halten. Jetzt sah sie, daß es wirklich Pyramiden waren, eine große und zwei kleine, die ein Dreieck bildeten. Sonst war nichts zu sehen, keine Menschen, keine Häuser, nichts.

Nur ein einsamer Baum stand da...

Der Baum kam Junia aus irgendeinem Grunde bekannt vor. Er machte ihr Angst, zugleich zog er sie an. Wenn nur Sardis da wäre, er würde ihr helfen. Auf einmal merkte Junia, daß jemand ihren Gedanken lauschte. Sardis stand unter dem Baum und winkte ihr zu. In einer Hand hielt er eine steinerne Schale, die von einer Schlange umschlungen war. In der anderen Hand trug er einen Stab aus Stein, dessen Griff mit dem Kopf eines Schnabeltiers geschmückt war.

Junia kam an den Baum und sah, daß an seinem Fuße, wo die Wurzeln in der Erde verschwanden, ein Trichter gähnte. Sardis nickte ihr ermutigend zu, und Junia stieg in die Öffnung. Der Trichter ging alsbald in einen schmalen Tunnel über. Sardis ging voran, Junia folgte ihm. Sie zählte ihre Schritte, um das Zeitgefühl nicht zu verlieren. Als sie bis tausend gezählt hatte, war sie tief im Erdinneren, unter der dritten Pyramide, angekommen. Obwohl sie sich viele Meter unter der Erdoberfläche befanden, schien hier die Sonne. Es gab Blumen, die betäubend dufteten. In den Blumen verborgen stand ein Sarkophag. Das Relief der Steinplatte zeigte eine Frau.

Die Frau war jung, in festliche Tracht ge-

kleidet und schien Junia anzusehen. Sie war mit einem Halsband und wunderschönen Armbändern geschmückt. Eine einfache Kette mit großen Anhängern zierte ihre Stirn.

Neben dem Sarkophag lag eine Steinplatte, die mit fremdartigen Zeichen bedeckt war. Was hatten diese Zeichen zu bedeuten? Junia betrachtete die Steinplatte und fand heraus, daß man die Schrift von rechts nach links lesen mußte. Die Bedeutung der Zeichen blieb ihr verborgen.

Zwei Sphinxe hielten Wache am Fuß des Sarkophags. Seit undenklichen Zeiten starrten diese mystischen Wesen einander an, sicher hatte jeder schon längst das Rätsel des anderen erraten. Die Sphinxe schienen zu leben, Junia fühlte sich versucht, sie zu streicheln. In der jungen Frau auf dem Relief erkannte sie sich selbst. Jawohl, es waren ihre Augen, ihre Lippen, es war ihre Stirn. Jetzt vermeinte sie sich zu erinnern, daß die Inschrift… Wie gern hätte sie den Sinn der Zeichen entziffert! Plötzlich befiel sie ein Gefühl des Schwindels. Die Szene verdunkelte sich. Alles wurde schwer. Junia rang nach Atem. Im letzten Augenblick gelang es ihr, der Vereinigung mit dem Relief zu entrinnen. Dann hörte sie Sardis Stimme.

»Es stimmt, Junia. Das bist du! Die Zeit ist unteilbar, darin liegt der Sinn der Ewigkeit. Ein Mensch muß sich an sein Leben in der Vergangenheit erinnern, er muß sich zugleich in

der Gegenwart suchen. Sein Weg ist ein Weg des Leids und der Freude, der Taten und Wunder. Schau in dich hinein, Junia! Besiege deine Angst ...«

Nachdem ich Reso die Geschichte von den drei Pyramiden erzählt hatte, fragte er mich, ob ich die Inschrift auf der Steinplatte entziffert hätte. Ich bejahte das. Der Inhalt, so sagte ich ihm, sei ein Geheimnis. Ich wußte, daß auf der Grabplatte das Rätsel meines Lebens, mein Lebensweg, aufgezeichnet war. Ich habe diesen dornenreichen Weg zum Wohle aller Menschen gewählt. Ich habe immer gewußt, daß ich in die richtige Richtung gehe. Ich weiß, daß ich langsam gehen muß, wenn ich mein Ziel erreichen will. Es wird Prüfungen geben, Hürden, die ich überwinden muß. Aber ich bin fest davon überzeugt, daß ich die Strecke überwinden kann. Ich weiß, daß ich mein Ziel eines Tages erreichen werde ...

Ich habe mich selbst in der Gegenwart gesucht. Ich habe an meine Zukunft gedacht, und es ist mir gelungen, mich an die Vergangenheit zu erinnern.

In der Zwischenzeit setzte ich meine Arbeit fort. Mediziner und Journalisten diskutierten über meine Behandlungsmethoden, neue Publikationen über das, was die Presse als »Phänomene« umschrieb, wurden veröffentlicht. Einen besonders interessanten Artikel aus der Fülle der Berichte möchte ich herausgreifen.

Am 16. August 1980 erschien in der Zeitung »Komsomolskaja Prawda« ein Artikel von Lew Kolodny mit dem Titel »Spaziergang im Biofeld«. Der Untertitel: »Reportage über die Begegnung mit einem Menschen, der über eine rätselhafte Gabe der Natur verfügt.« Sie erinnern sich vielleicht, daß ich zu Beginn dieses Kapitels von dem Experiment mit den Blumen berichtete, das ich Kolodny vorführte. Ich wollte den Journalisten damit nicht in Erstaunen versetzen, ich wollte ihn nur für meine Arbeit gewinnen.

Ich zitiere aus Kolodnys Reportage.

»Ich war von dem Experiment mit den Rosen beeindruckt. Trotzdem erwartete ich, daß Dshuna mir ein zweites Zeichen gab. Sie verstand mich, ohne daß ich ein Wort gesagt hätte. Sie hielt ihre Hand über meine Augen.

›Eines Ihrer Augen ist schwächer als das andere. Stimmt's?‹

Er nickte. ›Und welches?‹

›Das rechte.‹

›Es ist, wie Sie sagen. Seit meiner Kindheit sehe ich auf dem rechten Auge deutlich schwächer als auf dem linken.‹

›Und Sie haben auch Kopfschmerzen‹, setzte Dshuna hinzu.

Auch in diesem Punkt hatte sie recht. Sie kam zu mir und berührte mich leicht mit ihren Händen. Sie streichelte meine Stirn, wie man ein kleines Kind streichelt. Ich spürte etwas wie eine kühle Brise. Der Schmerz verflüchtigte sich, er war wie weggeweht. Mir war, als sei ich in den kühlen Schatten eines Waldes eingetreten.«

Lew Kolodny hat über seine Begegnung mit mir eine engagierte Reportage geschrieben. Er war an meiner Arbeit interessiert und trat öffentlich dafür ein, daß ein wissenschaftliches Institut zur Erforschung des Biofeldes gegründet werden solle. Man müsse versuchen, das Biofeld, das nur einige Menschen produzieren können, auf künstlichem Wege zu schaffen. Wenn das gelänge, so argumentierte Kolodny, würden wir über das von der ganzen Menschheit ersehnte Heilmittel für die schlimmsten Krankheiten verfügen.

Lew Kolodny ist meiner Idee immer treu geblieben. Er wurde zum überzeugten Verfechter meiner Heilmethode, und er ist einer meiner besten Freunde. Ich schätze besonders seine Ehrlichkeit; ich halte ihn für einen mutigen Menschen.

Nachdem Lew die Reportage veröffentlicht hatte, war es von großer Wichtigkeit für mich, daß er seinen Bericht von einem Wissenschaftler von Weltruf kommentieren ließ. Er bat J. Kobzarew, Held der sozialistischen Arbeit, um eine Stellungnahme. Der Akademiker las die Unterlagen über meine Arbeit, die ich Kolodny zur Verfügung gestellt hatte, und erklärte: »Die Phänomene existieren wirklich, sie sind greifbar und real. Mit Mystik hat das, was Dshuna macht, nichts zu tun.«

Kobzarews Erklärung für die Phänomene war, daß Menschen wie ich akustische Impulse generieren. Diese Impulse, so schrieb der Wissenschaftler, können für das menschliche Ohr hörbar gemacht und mit einem Tonbandgerät aufgezeichnet werden.

Kobzarew wies in diesem Zusammenhang auf die Tatsache hin, daß es elektromagnetische Wellen gibt, die in das visuelle Spektrum hineinreichen. Man kann diese Strahlen mit dem bloßen Auge sehen und sie mit Hilfe photoelektrischer Vorrichtungen oder auf einem Film registrieren.

Die Abhandlung schloß mit den folgenden Worten:

»Die Beobachtungen zwingen uns zu der Annahme, daß die Heilung nicht nur durch die Einwirkung der Psyche auf den Organismus vor sich geht, sondern auch infolge einer unmittelbaren Einwirkung der behandelnden Person auf die Psyche... Das Stoppen von Blutungen sowie die Heilung von Wunden und Geschwüren können auf die von der behandelnden Person generierten physischen Felder zurückgeführt werden.

Wir wissen noch sehr wenig über diese Felder und über die Rolle, die sie im Rahmen außergewöhnlicher psychophysischer Erscheinungen spielen. Die Wichtigkeit, die Felder näher zu untersuchen und ihre Wirkung auf den menschlichen Körper zu erforschen, kann gar nicht hoch genug eingeschätzt werden. Ohne Zweifel werden sich uns im Verlauf weiterer Untersuchungen neue Horizonte in der Medizin eröffnen.«

Was ich dachte, als ich diesen Text las? Ich dachte: Du bist auf dem richtigen Weg, Dshuna! Ich war inzwischen nach Moskau gezogen, in die Stadt, die für mich das Zentrum der Wissenschaften ist. Ich hatte zahlreiche Anhänger in wissenschaftlichen Kreisen. Mit ihrer Hilfe wollte ich die »Medizin für alle« entdecken, von der mein Freund Lew Kolodny in seiner Reportage gesprochen hatte.

Es war mir sehr schwer gefallen, mich von Tiflis zu verabschieden. Mein Herz blutete, als ich meinen Freunden Lebewohl sagen mußte. Es gab nicht wenige, die geradezu beleidigt reagierten, als sie von meinen Moskauer Plänen erfuhren. Aber auch diese Freunde haben nach einer Weile verstanden, daß es für mich die richtige Entscheidung war.

Was immer ich in Moskau erreichen würde, die Ergebnisse würden sich auch für die Freunde in Tiflis segensreich auswirken.

5. Kapitel

Ich bin Dshuna, nicht Cagliostro!

Moskau war überwältigend. Nicht nur wegen des schneller fließenden Lebens, des großstädtischen Lärms und der Geräusche. Tiflis ist schließlich auch kein Dorf. Moskau war überwältigend wegen der vielen Menschen, zu denen ich dort Kontakt bekam. Ich habe Ihnen ja bereits erzählt, lieber Leser, daß ich in Tiflis unter freiem Himmel behandelte. Oft waren mehrere Hundert Menschen zugegen. Und trotzdem gewann meine Therapie in der sowjetischen Hauptstadt eine neue Dimension. Nur in Moskau habe ich gespürt, daß die Ereignisse um mich herum mit ungeheurer Energie abliefen. Die Stadt setzte mir neue Maßstäbe. Mir war, als würde ich in einen Strudel gesaugt. Seit ich meinen Wohnsitz nach Moskau verlegte, habe ich keine ruhige Minute mehr gehabt. Richtig kennengelernt habe ich die Stadt natürlich erst nach einigen Jahren. Ich gewann Moskau lieb, wie man einen Menschen liebgewinnt, mit dem man oft zusammen ist. Zu Beginn mußte ich meinen ganzen Mut zusammennehmen, um die Stadt zu »erobern«, ähnlich wie es die provinziellen Romanhelden von Dumas oder Balzac in Paris versuchten.

Zuerst sah ich alles in rosigen Farben. Wolkenloser Himmel, keine atmosphärischen Störungen. Nachdem in der »Komsomolskaja Prawda« der Artikel über mich erschienen war, lud mich die Redaktion dieser überaus beliebten Jugendzeitung zu einer Pressekonferenz ein. Ich ging, nein, ich flog durch den langen Gang des Zeitungsgebäudes in der Prawda-Straße. Mein Ziel war der Blaue Saal, der festlichen Veranstaltungen und Ehrengästen vorbehalten ist. Ich triumphierte mit jeder Faser meines Körpers; es war der glücklichste Tag meines Lebens. Ich ahnte nicht, daß noch ein langer, schwerer Weg vor mir lag...

Damals versuchte ich mir mit allen Mitteln zu beweisen, daß sich meine Arbeit nicht auf irgendwelche Mystizismen gründet, sondern ganz greifbar und real ist. In meiner Euphorie nahm ich die Welt um mich herum kaum noch wahr, ich verlor den Boden unter den Füßen. Als ich im Blauen Saal an das Podium trat, empfand ich dies als absoluten Höhepunkt. Heute fällt es mir schwer, mich an die genaue Folge der Ereignisse zu erinnern. Ich glaube, es herrschte eine große, erwartungsvolle Stille im Saal, als ich meine Rede begann. Meine Stimme hallte wie ein Echo, sie kehrte verfremdet zu mir zurück. Ich sprach nicht nur, sondern ich führte den Menschen im Blauen Saal auch meine Behandlungsmethode vor. Ich stellte Diagnosen, die bei einigen Zuhörern Verwunderung, bei anderen Skepsis hervorriefen. Ich hob die Arme, bis die Macht meiner Hände den ganzen Raum erfüllte. Ich schickte Signale aus, die von vielen Anwesenden sofort registriert wurden. Zum Schluß Händeschütteln, Beifall, lächelnde Gesichter, Zustimmung, Lob, Begeisterung... Ein Fest der Seele? Ja, das war es.

Ob ich mir Eitelkeit vorwerfen muß? Ich meine, nein. Ziel meines Lebens ist es, meine Heilmethode unter die Menschen zu bringen. Wie könnte mir das gelingen, wenn ich nicht bekannt, populär, ja berühmt bin? Ich möchte hier offen sagen, daß ich meine Popularität nur als Mittel zum Zweck betrachte. Mögen die Menschen gut oder schlecht über mich reden, die Hauptsache ist, daß man meine Arbeit beachtet. Ich möchte, daß meine Methoden von Ärzten und Wissenschaftlern geprüft werden. Ich möchte meine Gabe in den Dienst der Menschheit stellen.

Daß ich es hinnehme, wenn man schlecht über mich spricht, ist ein folgenreicher Entschluß. Ich bin gezwungen, die Last erfundener Geschichten, die mir angehängt werden, mit mir zu schleppen. Der Preis für Popularität ist, daß man zum Mittelpunkt der unsinnigsten Gerüchte wird.

Ich muß gestehen, daß ich die vielen Berichte, die auf der ganzen Welt über mich veröffentlicht wurden, zunächst mit Stolz und Genugtuung las. Ich hatte mich immer nur als Masseuse bezeichnet. Eine Frau, die Heilmassagen ausführt. Ist es nicht verständlich, daß ich über die internationale Aufwertung, die mir widerfuhr, glücklich war? Ich las, was über mich erschien, voller Neugier. Manchmal mußte ich lachen, und manchmal wunderte ich mich. Es gibt Journalisten, die sehr freizügig mit den Fakten umgehen. Sehr schnell wird die Grenze von der Wahrheit zur Lüge überschritten. Es gab Artikel, über die ich mich unheimlich ärgerte. Nach einiger Zeit jedoch ebbte mein Interesse an den Veröffentlichungen ab. Mochten sie schreiben, was sie wollten.

Ich habe mein ganzes Leben lang intensiv gearbeitet, deshalb achte ich auch die Arbeit anderer. Ich respektiere den Beruf des Journalisten, aber ich habe den Meinungsbildnern, wie man sie nennt, viel vorzuwerfen. Ich hatte erwartet, daß sie mich und meine Arbeit *verstehen* würden. Aber allzuoft konzentrierten sich die Presseleute auf Äußerlichkeiten, sie waren nur auf Sensationen aus. Ich mag die Dshuna nicht leiden, die in gewissen Zeitungen und Zeitschriften vorgestellt wird. Ich habe wirklich weder Zeit noch Lust gehabt, um »in Begleitung eines Gefolges herumzureisen und Kleider der neuesten Mode in Pariser Modesalons auszusuchen«. Ich bin alles andere als ein Star und werde auch nicht als solcher behandelt. Es ist merkwürdig, aber unter den vielen Freunden und Bekannten, die zu mir kommen, um geheilt zu werden, findet sich manchmal keiner, der daran denkt, daß ich vielleicht auch einmal eine kleine Pause brauche, daß ich eine Tasse Tee oder eine Erfrischung trinken möchte. Man starrt auf meine Hände, die ich über irgendeinen Patienten halte. Ich selbst bin unwichtig, nur was ich tue, ist wichtig. Ich soll geben, keine Ansprüche stellen.

Von dem einen oder anderen Journalisten wurden mir die unwahrscheinlichsten Dinge angedichtet. Es war der Dichter Andrej Woznessenski, der sich in einer Glosse über solche Auswüchse mokierte.

Haben Sie schon gelesen? Hochwasser in Italien.

Daran ist natürlich wieder die Hexe Dshuna schuld!

Natürlich war die Ironie des Dichters nicht imstande, die Flut übler Gerüchte und erfundener Geschichten zu stoppen. Immer wieder muß ich lesen, daß ich schwer erkrankt bin, und es gibt Journalisten, die nicht davor zurückschrecken, mich schlicht und einfach für tot zu erklären.

Daß ich eigentlich schon tot bin, erfahre ich meist auf seltsame Weise. Eine junge Frau bleibt auf der Straße vor mir stehen und staunt: »Sind Sie nicht Dshuna? Wie kommt es, daß Sie noch herumlaufen? Ich denke, Sie sind tot!«

Manchmal möchte ich auf der Stelle tot umfallen, um solchen Presseberichten nachträglich einen gewissen Wahrheitsgehalt zu verleihen. Schließlich möchte man niemanden enttäuschen. Aber ich schrecke dann doch vor dem letzten Schritt zurück. Man darf das alles nicht so ernst nehmen. In der Tat gibt es auch Zwischenfälle, wo ich schmunzeln muß. Da gibt es zum Beispiel einen neuen Patienten, der mich aus den Augenwinkeln betrachtet. Er hat ganz offensichtlich etwas auf dem Herzen, aber er will mit der Sprache nicht heraus. Um ihm zu helfen, frage ich ihn, was denn eigentlich los sei. Und er antwortet mir:

»Es ist mir sehr unangenehm, Dshuna, was ich Ihnen jetzt sagen muß... Ich habe immer gedacht... Also, um die Dinge beim Namen zu nennen, man hat mir gesagt, daß Sie eine uralte Frau sind, aber wenn ich Sie so ansehe... Sie sind eigentlich noch recht jung.«

Ich verkneife mir in solchen Fällen das Lachen, um den Patienten nicht zu beleidigen. Aber es gibt auch Gelegenheiten, wo ich wie ein Vulkan explodiere. Meine Geduld mit den Journalisten, die ganz locker irgendwelche »Fakten« erfinden, hat ihre Grenzen! Meine Freunde kennen mich, sie wissen, daß Dshunas Gefühlsausbrüche nicht zu bremsen sind.

Ich tobe, und irgendwann kommt mein lieber Sohn Wacho und legt mir die Arme um den Hals.

»Mami, gib mir etwas Geld. Ich möchte einen Vogelbauer kaufen.«

»Einen Vogelbauer? Dafür gibt's kein Geld!«

Ich tobe weiter, es ist mir egal, was mein Sohn jetzt von mir denkt. Ich weiß, daß er Verständnis für meine Launen hat, und so ist er nicht gekränkt, wenn ich ihm in einer solchen Situation eine Bitte abschlage. Er geht zur Tür. Bevor er den Raum verläßt, dreht er sich noch einmal um.

»Warum hast du mich angeschrien, Mami?«

»Ich habe dich nicht angeschrien!« schreie ich. »Ich schreie überhaupt nie jemanden an!«

»Dann ist es ja gut«, schmunzelt Wacho. Die Tür fällt ins Schloß. Mein Schimpfen geht im Gelächter der Freunde unter. Es dauert ein paar Minuten, dann lache ich mit... Erst in der Nacht, wenn ich die Decke über meinen schlafenden Sohn breite, werde ich weinen. Ich weine, weil ich keine Zeit für meinen Sohn habe. Als ich ihn berühre, wacht er auf. Um meine Sünden wiedergutzumachen, singe ich ein altes Wiegenlied für ihn. Ich sage ein Gedicht, meist eines, das ich selbst geschrieben habe. Als ich noch ein junges Mädchen war, brachte ich nur von Zeit zu Zeit ein paar Zeilen auf das Papier. Inzwischen betätige ich mich recht oft als Dichterin. Der

Drang, die Wirklichkeit mit den Mitteln der Poesie zu erfassen, ist zu einer echten Leidenschaft geworden.

Was erwarte ich eigentlich von den Journalisten? Eigentlich nur ein Mindestmaß an Verständnis und Anteilnahme. Ich möchte, daß sie sich nicht für meine Frisur, sondern für meine Arbeit interessieren. Immer noch warte ich darauf, daß ein Reporter zu mir kommt, der mehr als ein paar Stunden Zeit hat. Vielleicht erlebe ich es noch, daß ein Journalist die Heilung eines Patienten von Anfang bis zum Ende verfolgt! Ich möchte, daß er sachliche Fragen an mich stellt, daß er auch mit den Ärzten spricht, die den Patienten behandelt haben, und daß er dann in gut verständlicher Sprache über die Ergebnisse berichtet, die ich mit meiner Behandlung erzielt habe.

Die Wissenschaft in der Welt ist wie ein Ozean, der schließlich auch nur aus einer Vielzahl von kleinen Tropfen besteht. Für mich ist es wichtig, daß mein Tropfen bemerkt und in seiner Wirkung richtig eingeschätzt wird. Ich habe meine Behandlungsmethode in harter, zermürbender Arbeit entwickelt, es war wie das Erklimmen einer steilen Leiter. Der Weg, den ich zurückgelegt habe, war mit Steinen übersät, davon bluten meine Füße, und nicht vom »Bummel durch die Pariser Modehäuser«. Es tut mir leid, aber ich habe die französischen Modetempel, die in der Phantasie mancher Berichterstatter eine so große Rolle spielen, nie gesehen. Mein Schicksal ist es, für die von mir gewählte Aufgabe zu kämpfen. Mein Schicksal ist es, mich zu geben. Ich bin eine Kerze, die an beiden Enden brennt.

Bei alledem bin ich davon überzeugt, daß mein Kampf ein gutes Ende nehmen wird. Es wird das geben, was man in einem Film ein »Happy-End« nennt. Wenn ich überhaupt Zweifel habe, dann nicht an meiner Arbeit, sondern an der Taktik, mit der ich zum Ziel gelangen kann. Ich habe oft darüber nachgedacht, ob ich nicht zu früh nach Moskau gegangen bin. Es gab Phasen, wo ich schier verzweifelte. Ich stand vor Hindernissen, die mir unüberwindbar erschienen, die mir Angst machten. Aber ich bezwang meine Angst. Ich sagte mir: Du schaffst es, Dshuna! Und dann ging ich wieder an die Arbeit.

Ich baute auf den Erfahrungen auf, die ich in Tiflis gemacht hatte. Ich fing mit einfachen Aufgaben an. Meine ersten medizinischen Experimente in Moskau führte ich in der bescheidenen Bezirksklinik Nr. 112 im Stadtbezirk »Krasnaja Presnja« durch. Es war im Monat Mai, und die Experimente erstreckten sich über einen Zeitraum von sieben Tagen. Ich behandelte elf Personen, die unter anderem an neurologisch-vertebraler Osteochondrose, einer degenerativen Erkrankung von Knochen und Knorpeln, und an Radikulitis, einer Entzündung der Rückenmarksnervenwurzeln, litten.

Wie waren die Behandlungsergebnisse? Ich zitiere das Gutachten, das damals von Dr. K. Lewtschenko, dem stellvertretenden Chefarzt der Klinik, erstellt wurde:

»Die von Dshuna Dawitaschwili angewandte Methode führte zu einer deutlichen Besserung des Zustandes der behandelten Kranken. Bei allen elf Versuchspersonen verschwanden die Schmerzen bereits nach der ersten Sitzung. Bei sieben Personen trat nach zwei bis drei Tagen, während derer eine vorübergehende Verschlechterung zu verzeichnen war, die Heilung ein.«

Zu keinem Zeitpunkt hatte ich daran gezweifelt, daß ich bei der Behandlung dieser Kranken zu guten Ergebnissen kommen würde. Aber natürlich war es für mich wichtig, daß diese Ergebnisse auch in ein ärztliches Gutachten Eingang fanden. Das vom stellvertretenden Chefarzt unterzeichnete Dokument schloß mit den Worten: »Die von Dshuna Dawitaschwili benutzte Methode ist von großem theoretischen und praktischen Wert. Sie verdient es, auf breiter Basis in die medizinische Praxis eingesetzt zu werden.«

Gewiß, das war ein Erfolg. Ansonsten aber wiederholten sich die traurigen Erfahrungen, die ich in Tiflis gemacht hatte. Ich suchte in Moskau nach Kliniken, wo ich meine Fähigkeiten demonstrieren konnte. Unterstützt wurde ich damals weniger von den Wissenschaftlern, die in der medizinischen Forschung tätig waren, als von den behandelnden Ärzten, mit deren Kranken ich zu tun hatte. Für diese Ärzte stand nicht die Heilungsmethode im Vordergrund, sondern ob der Patient dadurch genas oder nicht. Bald hatte ich umfangreiches Tatsachenmaterial angesammelt, aber die Wissenschaftler, die sich um die weitere Erforschung meiner Methode hätten kümmern können, hatten es nicht eilig damit.

An zwei weiteren Kliniken wurden positive Gutachten zu meiner Behandlungsmethode erstellt. In einem der Gutachten wird nicht nur auf die subjektiven Aussagen der Kranken, sondern auch auf die objektiven Daten der eingesetzten Meßgeräte Bezug genommen. Dem erwähnten Gutachten sind dreiundvierzig Blätter mit den registrierten Meßwerten beigefügt. Die Messungen waren von T. Nikolajewa, einer Mitarbeiterin vom zentralen Forschungsinstitut der Traumatologie und Orthopädie in Moskau (ZITO), durchgeführt worden. Was konnte ich sonst noch tun, um meiner Methode zur Anerkennung zu verhelfen?

Ich verwendete damals viel Zeit dazu, meine Freunde zu überzeugen. Ein unnützes Unterfangen, gehörten sie doch zu denjenigen, die ohnehin keinen Zweifel an meinen Fähigkeiten hatten.

Ich will nicht die Rolle der Ärzte einnehmen. Meine Methode ist nur eine Ergänzung der medizinischen Praxis, die vor allem der Vorbeugung von Krankheiten dienen soll. Die Mutter soll ihr Kind heilen, die Frau den Mann...

Ich weiß heute, warum ich meine Freunde mit solchen Thesen bestürmte. Ich tat es, um meine eigenen Bedenken zu beschwichtigen und um die Ungeduld abzubauen. Meine Zuhörer reagierten in den meisten Fällen mit einem teilnahmsvollen Nicken. »Es ist alles nicht so einfach, Dshuna.« Dann verabschiedeten sie sich und ließen mich mit meinem Zorn über das Unverständnis der Experten allein.

Ich habe meine Kranken nie in Gruppen eingeteilt. Für mich gibt es keine Unterscheidung in Normalmenschen und berühmte Persönlichkeiten. Vor der Krankheit, vor Schmerz und Leid sind alle Menschen gleich. Deshalb widme ich jedem Patienten soviel Zeit, wie es für die Behandlung der Krankheit nötig ist. Es gibt viele Kranke, mit denen ich noch Jahre nach der Behandlung in Kontakt bin, und einige sind für mich gute Freunde geworden. Unter meinen Patienten sind Bauarbeiter und Berufskraftfahrer, Ärzte und Wissenschaftler. Ich habe auch Persönlichkeiten behandelt, die weit über die Grenzen der Sowjetunion hinaus bekannt sind.

Erwähnen möchte ich den landesweit bekannten Satiriker Arkadi Raikin, mit dem ich nach der Behandlung Freundschaft schloß. Arkadi ist ein Mann, der in seiner Kunst die menschlichen Schwächen anprangert, er ist auch oft im Ausland aufgetreten. Zu mir kam er auf Krücken. Viereinhalb Monate hatte er mit sekundärer Gicht in einem Krankenhaus zugebracht, er litt außerdem unter Herzbeschwerden.

»Nach der ersten Sitzung bei dir«, so sagte er mir später, »ging es mir bedeutend besser. Schon nach der ersten Sitzung, und die hatte kaum dreizehn Minuten gedauert. Ich kannte mich selbst nicht mehr wieder. Die gute Laune und das Wohlbefinden waren wie durch Zauberei zurückgekehrt. Seit langen Jahren hatte ich außer an Gicht auch an Schmerzen in der Herzgegend gelitten, diese Schmerzen waren wie weggeblasen... Nach dreizehn Sitzungen konnte ich, der das Sanatorium auf Krücken verlassen hatte, wieder richtig laufen. Die Ärzte hatten mir nicht helfen können.«

Inzwischen führe ich ein »Gästebuch«, in das sich meine Patienten einschreiben. Ich möchte aus diesem Buch zwei Sätze zitieren, die von Arkadi Raikin stammen. Ich tue das nicht aus Eitelkeit, sondern weil dieser Satiriker für seine scharfe Beobachtungsgabe bekannt ist.

»Als ich Dshuna zum ersten Mal traf, war

„Meine Wurzeln gründen in einer Kultur, die vor dreitausend Jahren im Norden des heutigen Iran existierte, bei den Assyrern."

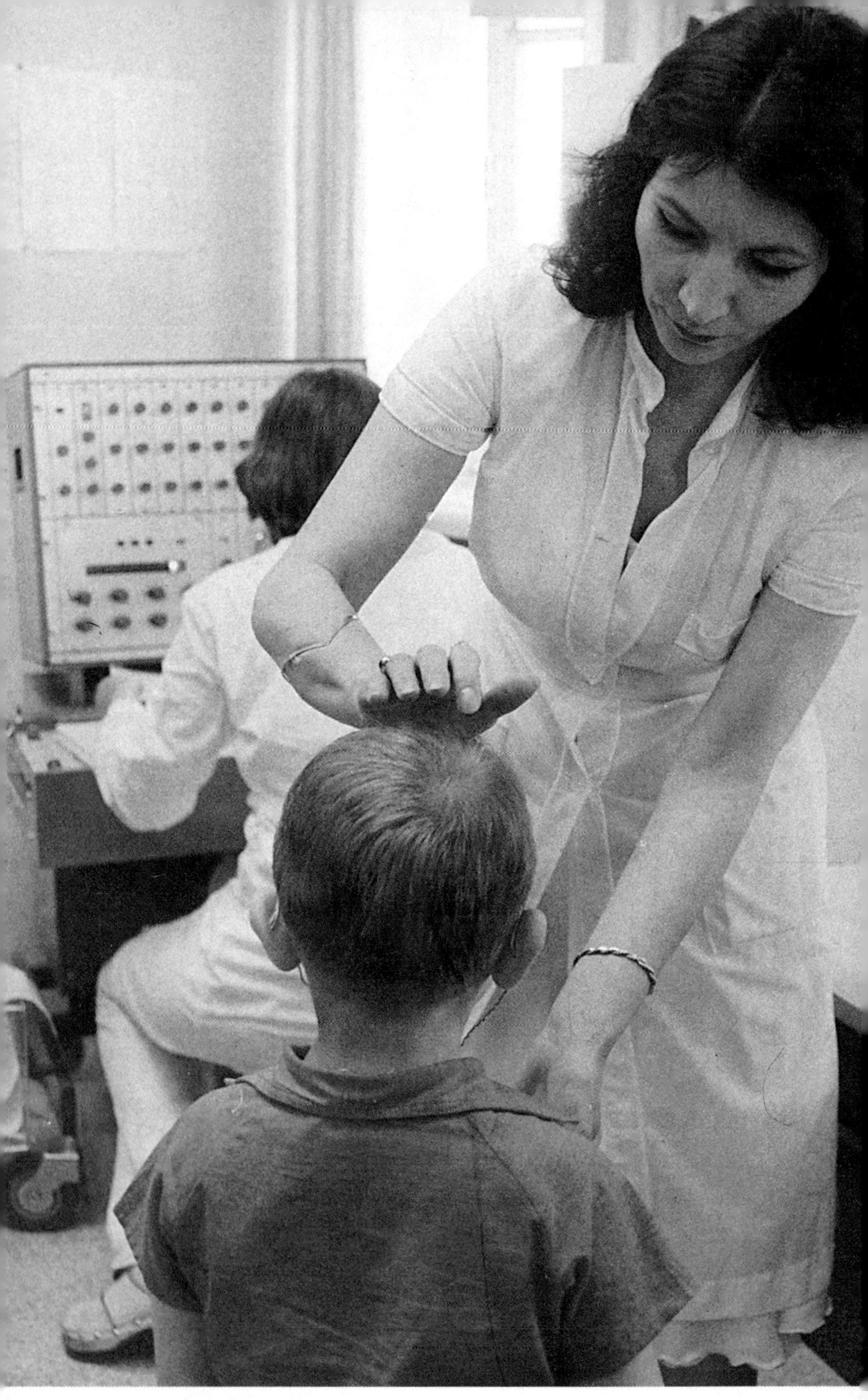

„Es ist die Kraft, welche aus meinen Händen fließt, die das Wesen meiner Methode für Erkennung, Heilung und Vorbeugung von Krankheiten ausmacht."

Der amerikanische Astronaut Russel Schweickart zu Gast bei Dshuna.

„Wenn ich meine Handflächen über einen Patienten halte, meine Finger a
ab, was ihm widerfahren is

seinem Körper entlangführe, lese ich aus der Fülle der Signale sein Leben und was ihm noch bevorsteht."

Filmszene aus »Die Jugend des Genies«.

„Ich bin ein glücklicher Mensch, habe einen lieben Sohn, den zehn Jahre alten Wacho, er ist meine Freude und Hoffnung."

„Tausende fremder Leben sind durch mein Herz gegangen, ihr Schmerz wurde zu meinem Schmerz."

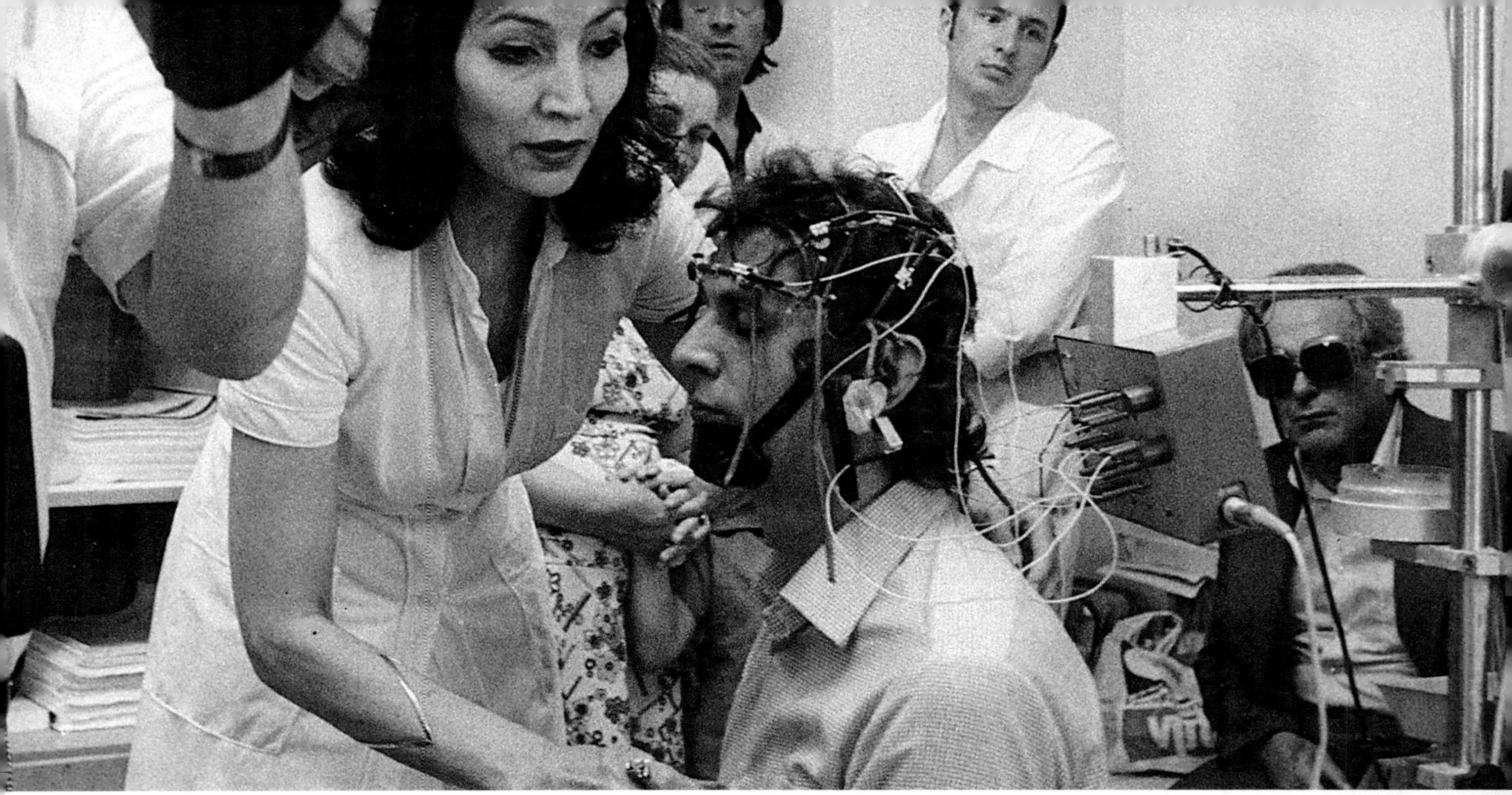

„A.G.Spirkin, Mitglied der Akademie der Wissenschaften der UdSSR, sagte vor einigen Jahren: 'Dshuna erzielt hervorragende Resultate bei der Erkennung und Heilung von Krankheiten.'"

Der deutsche Botschafter Jörg Kastl zu Gast bei Dshuna.

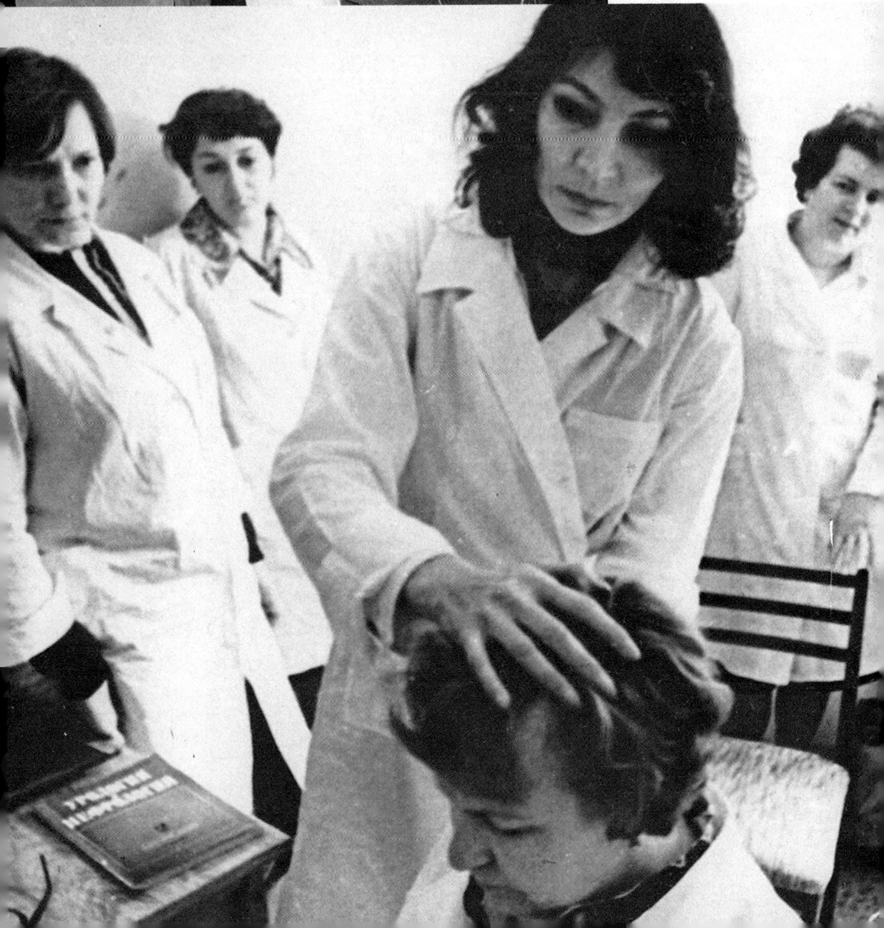

Dshuna im Labor der Akademie der Wissenschaften der UdSSR.

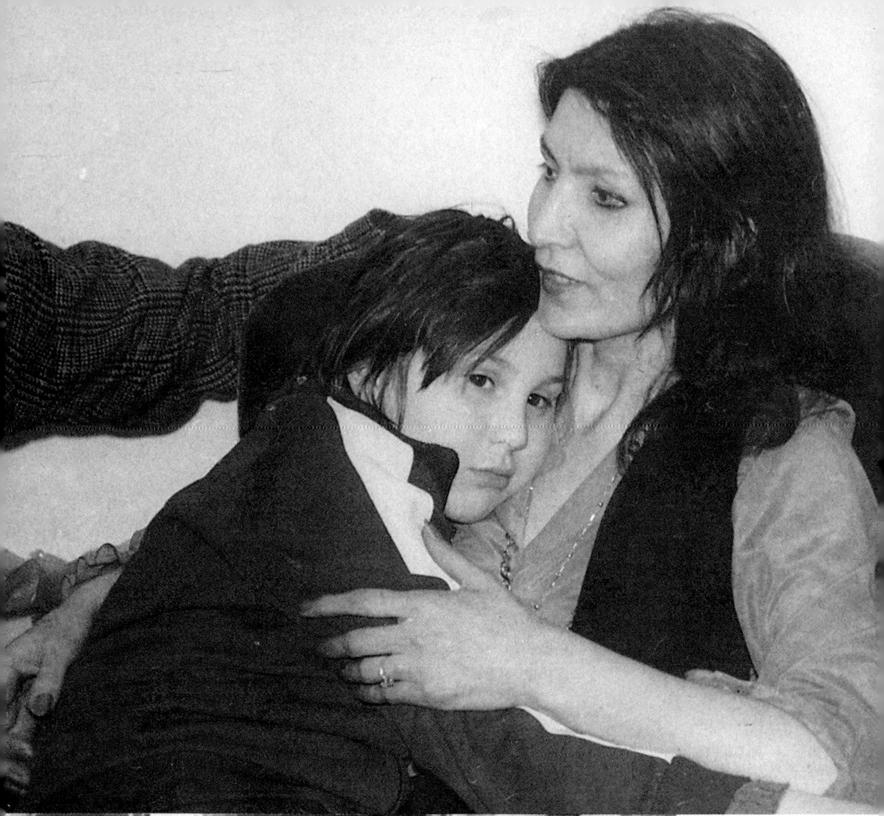

„Das Vertrauen meines Sohnes i meine Fähigkei ten hat mir die Kraft gegeben, a der ich heute nc schöpfe."

Prof. Dr. Zdenek Rejdak (Prager Universität) zu Gast bei Dshuna

Gemäld von Dshun

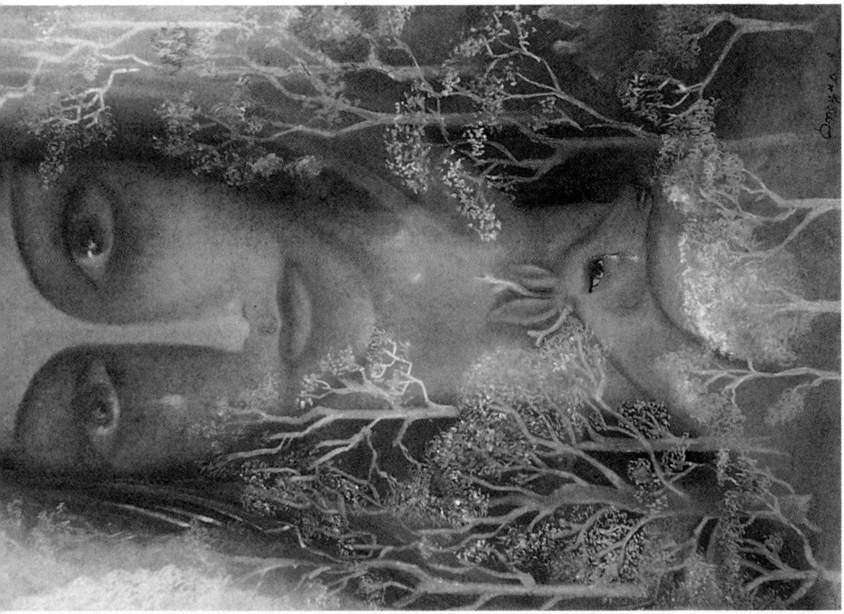

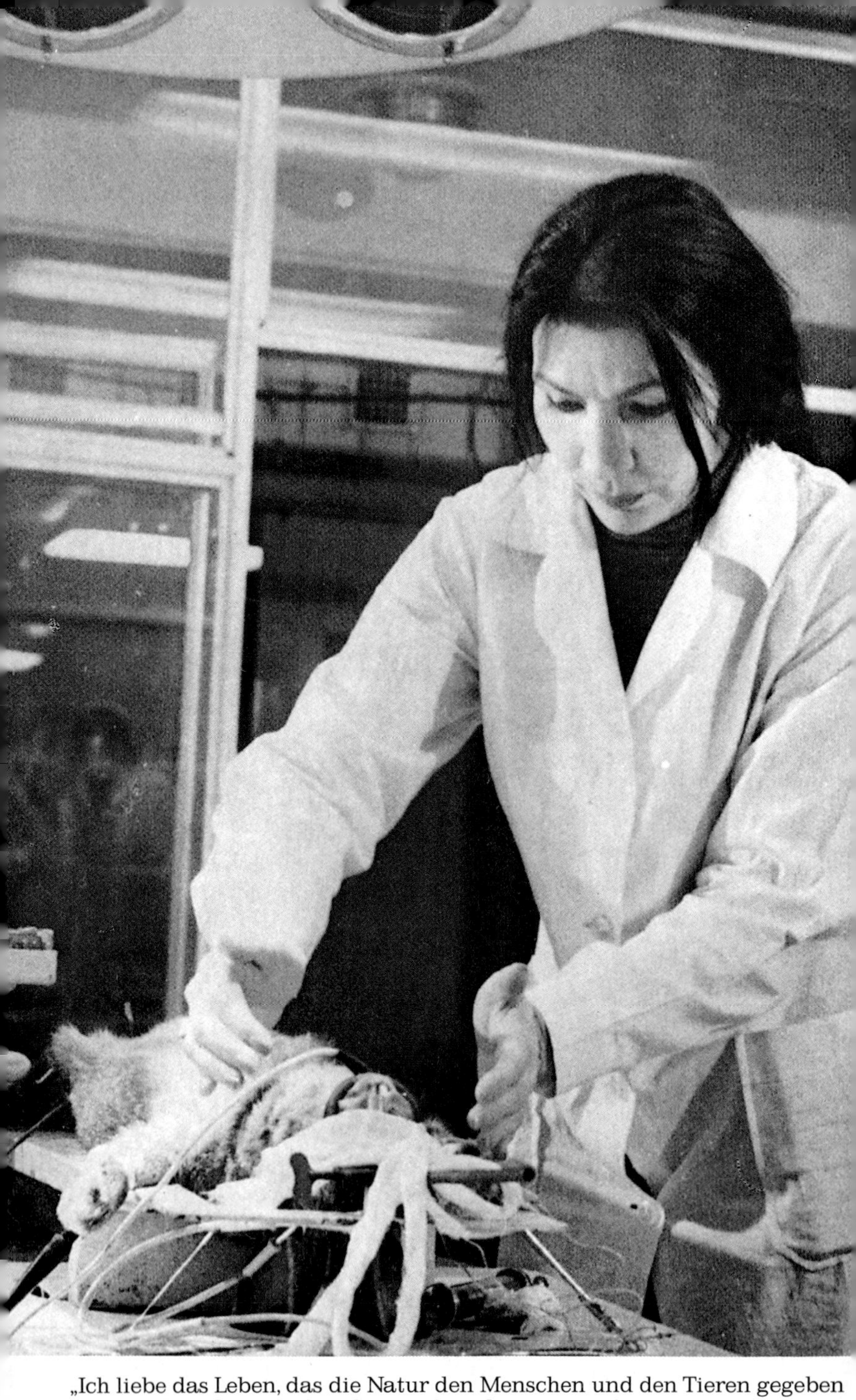

„Ich liebe das Leben, das die Natur den Menschen und den Tieren gegeben hat. Sinnlose Grausamkeit kann ich nicht ertragen."

„Während der ruhigen Morgenstunden, die ich im Haus verbringe, wandere ich in Gedanken auf den Wegen, die längst hinter mir liegen. Vor mir öffnen sich die Schichten des eigenen Ichs und die Seinsebenen anderer Menschen."

Der Preis für meine Gabe, an-
leren helfen zu können, ist die
Jberempfindlichkeit, unter der
ch leide. Alles zu spüren, was
ım mich ist, bedeutet eine
chwere Bürde."

„Ich bin sicher, daß in absehbarer Zukunft die Biosignale, die von einem Menschen zum anderen strömen, von speziell entwickelten Geräten registriert und aufgenommen werden können."

Wichtige Informationen für den Leser

Da uns bereits vor Drucklegung des Buches zahlreiche Anfragen erreichten, ist die folgende Checkliste für Leser aus der Bundesrepublik, Österreich und der Schweiz aufgestellt worden.

Bevor Sie eine Reise planen, setzen Sie sich zur genauen Absprache eines Termins bitte mit der folgenden Kontaktadresse von Dshuna in Verbindung:

VAAP
Agency of the USSR
Bolshaya Bronnaya sp.
K-104 USSR Moskau 1036 70 GSP

Für die Einreise in die UdSSR benötigen Sie ein Visum, das bei den folgenden Adressen zu beantragen ist.

Leser aus der Bundesrepublik wenden sich an:

Botschaft der UdSSR
Konsulat
Waldstraße 42
D-5300 Bonn 2

Leser aus Österreich wenden sich an:

Union der Sowjetischen Sowjetrepubliken
Reisnerstraße 45–47
A-1030 Wien

Leser aus der Schweiz wenden sich an:

Union des Républiques Socialistes Soviétiques
Brunnadernrain 37
CH-3006 Bern

Wenn ein Visum beantragt wird, sind folgende Unterlagen vorzulegen:

a) ein gültiger Reisepaß
b) drei Paßbilder

Ziel, Zweck und Dauer der Reise müssen angegeben werden. Ein Visum wird im Normalfall immer bewilligt, nur dauert die Bearbeitung des Antrages ca. 4 bis 6 Wochen. Reisen in die UdSSR können bei jedem Reisebüro gebucht werden, dort erhalten Sie auch einen Zimmernachweis und Auskunft über die Unterlagen, die Sie zur Einreise benötigen.

ich von ihren Augen beeindruckt. Es sind die Augen eines gütigen, feinfühligen Menschen.«

Tatsache ist, daß ein Mensch, der andere Menschen heilen will, feinfühlig sein muß, nur dann ist die Behandlung wirksam. Der Heiler muß auch »gut« sein, gut im traditionellen Sinne des Wortes. Leider haben viele Ärzte diese alte Weisheit vergessen. Wer meine Handbewegungen oder die Handbewegungen meiner Schüler während der Therapie verfolgt, wird sehen, daß die Hände den Kranken zu liebkosen scheinen. Alles geschieht mit der Güte und dem Feingefühl, das dem wahren Heiler von der Natur in die Wiege gelegt wird.

Ich will noch einmal auf Raikin zurückkommen. Er besucht mich immer wieder, um vor wichtigen Auftritten seine Gesundheit zu regenerieren. Der Künstler hat in Moskau ein »Theater der satirischen Miniaturen« gegründet, das er zusammen mit seinem Sohn Konstantin, Schauspieler und Tänzer, leitet. Vor der ersten Vorstellung kam Arkadi Raikin zu mir, ich behandelte ihn. Er bedankte sich, indem er mich zur Uraufführung eines wunderschönen Stückes, zur ersten Vorstellung in seinem neuen Theater, einlud. Vater und Sohn spielten bei jener Inszenierung die Hauptrollen. Für mich war es ein Erlebnis, das mich tief bewegte.

Aber ich greife vor. Raikin habe ich erst

kennengelernt, als ich schon einige Jahre in Moskau arbeitete. Vorläufig war mein Augenmerk darauf gerichtet, praktische Erfahrungen und neue Beweise für die Richtigkeit meiner Methode zu sammeln. Die Behandlung der Patienten fand hauptsächlich in meiner Wohnung statt. Die Arbeit war ermüdend und zeitraubend, belohnt wurde ich dafür mit der Bekanntschaft neuer, interessanter Menschen.

Unter ihnen war Rassul Gamzatow, ein Dichter, der aus dem Volk der Awaren in der Dagestanischen ASSR und in der Aserbaidschanischen SSR stammt. Der temperamentvolle Mann wählte für die Widmung, die er in mein Gästebuch schrieb, erhabene und schöne Worte, wie es sich für einen Poeten ziemt:

»An jenem Maitag, als ich zu Ihnen kam, glich ich einem Gedicht, dessen Reim durcheinandergeraten ist. Meine Rhythmik und meine Harmonie waren gestört. Sie, Dshuna, haben den Reim wieder in die richtige Reihenfolge gebracht, das Lied hat jetzt wieder eine Melodie. Sie sind es, die mir die Dichterseele zurückgab und die Beklommenheit nahm. Ich kam zu Ihnen wie ein verstimmtes Musikinstrument, und Ihre Hände ließen die Saiten der vergessenen Freuden neu erklingen. Ich habe in vielen Krankenhäusern gelegen, aber erst Sie, Dshuna, haben meine Krankheit besiegt. Sie haben zugleich einen

Sieg über den stärksten Verbündeten der Krankheit erfochten, über die Traurigkeit. Als ich zu Ihnen kam, glich ich einem zersprungenen Gefäß. Sie haben die Scherben wieder zusammengefügt, und kein Sprung ist mehr zu erkennen...«

Rassul, das geht aus seinen Zeilen hervor, wunderte sich, daß ich ihn geheilt hatte. Ich nicht. Ich wußte schon zu Beginn der Behandlung, daß der korpulente Mann nach einigen Sitzungen wieder acht Treppen hochsteigen konnte, ohne in Atemnot zu geraten.

Es gibt noch andere Widmungen in meinem Gästebuch, die ich hier zitieren möchte. Da wäre Dr. W.D. Zacharkin, ein Arzt, der nach einer Untersuchung durch den Internisten zur dringenden Operation in ein Krankenhaus überwiesen wurde. Diagnose: inkomplette Mastdarmfistel. Der Patient war unschlüssig. Die Operation, die ihm bevorstand, war ein komplizierter Eingriff. Er kam zu mir und fragte mich um meinen Rat. Ich sagte ihm, daß eine Heilung der Fistel ohne Operation nicht möglich sei. Trotzdem behandelte ich ihn. Er ging von mir zu seinem Internisten, Dr. J.I. Baron, und erlebte eine Überraschung. Der Arzt konnte die Fistel nicht mehr finden. Dr. Barons Kommentar: »Es gibt keine Spontanheilung bei diesem Krankheitsbild.«

Kurz und gut, die praktizierenden Ärzte hielten Anerkennung für mich bereit. Sie respektierten meine Heilmethode und gaben positive Gutachten darüber ab. Die Vertreter der medizinischen Forschung jedoch wollten weder von mir noch von meiner Methode der kontaktlosen Massage etwas wissen. Ich hatte zu jener Zeit zwar schon viele Anhänger, aber noch größer war die Zahl jener, die meine Erfolge leugneten.

Manchmal spielten sich seltsame Szenen ab. Zum Beispiel wurde mir immer wieder gesagt, daß ich durch »Hypnose« heile. So oft, daß ich die Kritiker beim Wort nahm.

»Also gut, es ist Hypnose. Geben Sie mir bitte eine exakte wissenschaftliche Begründung, wieso ich durch Hypnose Krankheiten heilen kann. Erklären Sie mir die Wirkung der Hypnose auf den menschlichen Körper unter dem Gesichtspunkt der Physik.«

Meine Bitte blieb unbeantwortet. Während solcher Auseinandersetzungen wußte ich oft nicht, ob ich weinen oder lachen sollte. Ein Mediziner, bei dem ich eine Krankheit diagnostiziert hatte, ließ sich von mir behandeln. Wir führten eine Sitzung durch, nach der es ihm bedeutend besser ging. Der gleiche Mann versuchte dann, die Besserung auf geradezu abenteuerliche Weise zu erklären. Ich sei während der Sitzung ganz in Nylon gekleidet gewesen, die Heilung sei der elektrostatischen Wirkung des Nylongewebes zu verdanken. Was soll man da sagen? Es mag physikalisch bewanderte Skeptiker interessieren, daß ich grundsätzlich keine Kleidung aus synthetischem Material trage...

Der Leser mag sich darüber wundern, aber derartige Mißverständnisse verletzten mich. Ich erinnere mich an eine Reihe von Experimenten in einem medizinischen Forschungsinstitut, die ich mit Erfolg abschließen konnte. Man gratulierte mir sehr herzlich und pries meine Fähigkeiten. Als ich den Leiter des Instituts um ein formelles Gutachten bat, war es mit der ganzen Herzlichkeit vorbei.

»Ich kann in dieser Sache weder ein positives noch ein negatives Gutachten erstellen. Sie werden sicher einsehen, daß alles physikalisch begründet sein muß. Wenn es ein Phänomen gibt, dann muß es auch eine Kraft geben, die das Phänomen verursacht. Man kann Ihre Methode erst anwenden, wenn die Medizin sich über die Ursachen der Phänomene Klarheit verschafft hat...«

Ich war enttäuscht. Das war weder ein Ja noch ein Nein, und dabei war der Leiter jenes medizinischen Forschungsinstitutes ein Mann, der über die nötige Erfahrung und über die Mittel verfügte, um die von mir vorgeführten Phänomene zu erforschen. Es lag in seiner Hand, mir die Möglichkeit zu eröffnen, mit den anerkannten Vertretern wissenschaftlicher Forschung zusammenzuarbeiten, aber er dachte nicht daran, mir die Tür zu öffnen. Was sollte ich tun? Damals hatte ich nichts außer der Überzeugung, daß ich recht habe. Ich hatte nur meine Hände ...

Es war ein schwerer Kampf, bis die Erfolge meiner Methode anerkannt wurden. Auf alle diese unerfreulichen Einzelheiten möchte ich in diesem Buch nicht eingehen. Ich zahlte einen hohen Preis für meine Beharrlichkeit. Viele Nächte lang lag ich wach. Ich lag da und weinte. Nur der Gedanke an meinen lieben Sohn, der Glaube, daß ich im Grunde für sein Glück kämpfte, hielt mich aufrecht. Daß es Widerstände gab, verstärkte nur noch meine Entschlossenheit.

Ich erinnere mich, daß ich nach einer kränkenden Begegnung – es gab sehr viele solcher Zusammenstöße – völlig verzweifelt nach Hause ging. Unter Tränen schlief ich ein. Wie so oft kam mein Vater im Traum zu mir. Er sagte: »Geduld, meine liebe Tochter.« Ich behielt den Traum gut in Erinnerung, ich habe den Inhalt in der folgenden Erzählung festgehalten:

Mit jedem Tag, der nach dem Tod ihres Mannes verging, wurde Unias Mutter trauriger. Ihr Herz krampfte sich vor Schmerz und Leid zusammen, es schlug immer langsamer.

Es kam der Morgen, als die Mutter ihre Kinder zu sich rief und sagte: »Ihr seid jung, das Leben ruft euch. Euer Platz ist hier auf der Erde, mein Platz aber ist dort, wo euer

Vater ist. Ich wünsche euch, daß ihr glücklich werdet ...«

Die Mutter wurde neben dem Vater begraben.

Das Gefühl, einen großen Verlust erlitten zu haben, verfolgte Unia. Sie ging auf den Friedhof. Lange saß sie zwischen den Gräbern, und manchmal schien es ihr, als ob ihre toten Eltern ihr etwas zuflüsterten.

Einmal, als sie auf der steinernen Grabplatte saß, hatte sie einen Traum, der sich von allen früheren Träumen unterschied. Eine Fülle von Farben war um sie, strahlendes Licht, farbig wie der Regenbogen ... Plötzlich stand ihr Vater vor ihr, er lächelte Unia ermutigend zu. Es war, als sei er wieder zum Leben auferstanden, und doch wußte Unia, daß er schon lange tot war. Ungeduldig wartete sie auf die Worte, die er ihr sagen würde.

»Komm mit mir, meine Tochter.« Er sprach, ohne sie anzusehen.

Wortlos folgte ihm Unia.

Sie gingen durch eine Schlucht, die sich bald zu einem gewundenen Weg verengte. Schließlich gelangten sie an ein großes Plateau.

Unia stellte fest, daß sie sich im Inneren der Erde befanden, nahe dem Mittelpunkt.

Die Tiefe war so unvorstellbar wie die Tiefe des Universums. Was auf dem Plateau geschah, war ewig.

Spitze Felsen waren zu sehen, dahinter wa-

ren die schneebedeckten Gipfel einer Bergkette zu erkennen. Es war noch niemandem gelungen, diese Berge zu erklimmen, nicht einmal die Vögel schafften es, so hoch zu fliegen. Die Grate standen wie Dolche in den Himmel, und inmitten der Leere sahen die Berge stolz und erhaben aus.

Es war ein fremdartiges Bild, und in Unia verstärkte sich die Ahnung, daß bald etwas Ungewöhnliches passieren würde. Sie blickte nach vorn.

Vor ihr gab es drei hohe Felsen, die ein Dreieck bildeten. Auf den ersten Blick waren sie gleich groß. Als Unia, geführt von ihrem Vater, dem Dreieck näher kam, merkte sie jedoch, daß der mittlere Felsen größer war als die beiden anderen.

Als sie vor dem Felsen angekommen waren, machte der Vater eine Handbewegung. Es sah aus, als hätte er einen unsichtbaren Schleier fortgewischt. Plötzlich sah sich Unia mit einer Klarheit, die sie noch nie erlebt hatte. Sie stand neben ihrem Vater, verloren in der Tiefe der Erde. Angestrengt starrte sie nach oben, wo im Felsgestein das Antlitz einer Frau, gebildet aus bunten Steinen, sichtbar wurde.

Die Frau schien zu leben. Sie hatte dunkle, durchdringende Augen, denen nichts verborgen blieb, weder Unias Aufregung noch die innere Ruhe ihres Vaters.

Aufmerksam betrachtete die Frau den Mann und das Mädchen, und plötzlich war

Unia, als könne sie sich selbst durch die Augen jener Frau betrachten. Sie sah den Vater, die Felsen, die Berge und das Plateau. Für eine schicksalhafte Sekunde wurde sie mit der Frau eins, dann war sie wieder das Mädchen, das neben ihrem Vater stand. Das Antlitz der Frau kam ihr bekannt vor, aber sie konnte sich nicht erinnern, wo sie ihr schon einmal begegnet war.

Die Frau war wie ein Krieger der Antike gekleidet. Allerdings trug sie keinen Helm. Sie hatte dichtes, schwarzes Haar, das ihre Schultern und die linke Brust bedeckte. Die Gesichtszüge waren fein und edel, sanft geschwungene Brauen, schweigsame Lippen, ein ernster, durchdringender Blick.

»Wer ist sie?« fragte Unia ihren Vater. »Warum ist sie wie ein Krieger gekleidet? Warum schaut sie uns so an?«

»Erkennst du sie denn nicht, meine Tochter? Fühlst du dich nicht selbst wie eine Kriegerin? Bist du nicht immer bereit gewesen, alles zu wagen? Diese Frau ist deine Seele. Achte gut darauf, was sie dir sagt...«

Das Antlitz im Felsgestein begann zu sprechen: »Es war einmal eine Schlacht, die tief im Inneren der Erde geführt wurde. Das Gute bekämpfte das Böse. Es war ein Kampf auf Leben und Tod. Es gab viele Opfer, viel Leid, es gab Tränen und Blut. Mitten im Schlachtgetümmel tauchte eine Kriegerin auf, die Königin einer uralten Zivilisation. Diese Kriege-

rin hatte begriffen, daß die Zeit zum Eingreifen gekommen war. Sie nahm das Schwert und begann zu kämpfen. Sie vergaß dabei, daß die Bestimmung der Frau im Haus liegt, die Frau soll Heim und Herd hüten. Die Kriegerin war unverwundbar, und ihre Tapferkeit setzte selbst die ältesten Soldaten in Erstaunen. Einer sagte: ›Sie kämpft wie ein Löwe, weil sie das Gute verteidigt, die guten Geister helfen ihr dabei ...‹

Die Frau tauchte überall auf, wo am härtesten gekämpft wurde. Sie focht für Liebe und Brüderlichkeit im vergänglichen Leben und in der unvergänglichen Zukunft.

Die Schlacht endete mit dem Sieg des Guten. Die Menschen suchten nach der mutigen Kriegerin, aber niemand konnte sie finden. Sie war weder unter den Lebenden noch unter den Toten. Es war, als hätte sie sich in eine Wolke verwandelt und sei zur Spitze der unzugänglichen Berge aufgestiegen.

Zum Andenken an den großen Sieg meißelten die Menschen ihr Bild in den Felsen. Sie war die einzige Frau, der je eine solche Ehre zuteil geworden ist.«

»Hast du verstanden, was die Frau gesagt hat, Unia?« fragte der Vater.

»Ja, Vater. Sie hat vom ewigen Kampf des Guten mit dem Bösen erzählt. Das Gute wird siegen.«

»Du hast recht, meine Tochter. Aber was diese Frau gesagt hat, birgt noch ein Geheim-

nis in sich. Du, Unia, mußt zu dir selbst finden. Dir ist es bestimmt, eine Kriegerin zu sein. Nur im Kampf verbindet sich das Leben mit der Ewigkeit... Betrachte das Antlitz im Felsgestein! Denke daran, daß diese Frau nach ihrem großen Sieg nicht spurlos verschwunden ist. Sie lebt und wird ewig leben. Sie wird immer wieder zur Erde zurückkehren, wo sie die Gestalt verschiedener Frauen annehmen wird. Es werden jene Frauen sein, die den Kampf gegen das Böse führen. Der Mensch hat nichts zu fürchten bei diesem Kampf, seine Seele ist ewig ...«

Als der Vater zu Ende gesprochen hatte, ging die Sonne auf. Unia schien es, als hätte das in den Fels gemeißelte Antlitz zu lächeln begonnen. Die Lider zuckten, dann öffnete die Frau ihre Augen. Der Blick war warm und weich wie der Sonnenschein, der durch ein Laubdach auf den Waldboden fällt. Als Unia zur Erdoberfläche zurückkehrte, trug sie die empfangene Wärme in sich. Sie hatte jetzt keine Angst mehr. Sie war wie die Kriegerin, deren Bild für immer in ihrem Herzen sein würde...

Diese Geschichte ist eine Parabel, ein Gleichnis. Sie gehört zu »Unias phantastische Reisen«, einem Zyklus von Novellen und Erzählungen, an dem ich arbeite. Es ist eine Parabel, kein Märchen. Die Geschichte wird mir helfen, meine Eigenschaften genauer einzuschätzen. Sie wird mir Festigkeit verleihen in meinem Kampf für die Wahrheit.

Ich sagte schon, daß mein Vater mir viele Male im Traum erschienen ist; vielleicht ist er auch in Fleisch und Blut zu mir gekommen, ich vermag das nicht zu sagen. Einige Male erschien er mir in der Gestalt eines Sterndeuters, dann wieder sah er so aus, wie ich ihn zu Lebzeiten kennengelernt hatte. Jedesmal blickte er mir aufmerksam in die Augen. Leise und eindringlich wiederholte er: »Geduld, meine Tochter, du brauchst Geduld.«

Ich änderte meine Strategie, ich entschied mich zu warten. Äußerlich blieb ich unverändert, eine junge, energiegeladene, frohsinnige Frau.

Der Dichter Robert Roshdestwenski hat in dem folgenden Gedicht ein Porträt meines ersten Moskauer Sommers gezeichnet:

Dshunas heilende Hände
Vollbringen das Wunder,
Doch die Ärzte wollen nicht verstehen,
Welche Kraft in ihren Händen steckt ...
Wie ein Schwan,
Der sich vom Wasser erhebt,
Erfüllt von Energie,
Schwingt sie die beflügelten Arme
Und heilt.
Sie betreut die Leidenden,
Spricht mit jedem Kranken,
Vertreibt seine Schmerzen,

Läßt Leib und Seele gesunden.
Kaum traue ich meinen Augen.
Nicht jeder kann
Das Geheimnis erfassen,
Doch die Wahrheit ist,
Die Schmerzen schwinden,
Ob man's glaubt oder nicht.
Vornübergebeugt steht sie da,
Von Falten gezeichnet die Stirn.
Nicht zu glauben ist bequemer,
Als zu erfassen den Sinn.
Und doch sind diese Hände
Bereit, alle Schmerzen zu stillen.
Die Natur beginnt zu leben,
Und alles wird, wie es war.
Müde und glücklich ist Dshuna
Nach der vollbrachten Tat.
Die Vöglein zwitschern im Hofe,
Ein neuer Tag hebt an.
Der Frühling ist da,
Die Bäume kleiden sich
Im frischen Grün.
Jubelnd kreisen Dshunas Hände
Und wissen, was sie tun.

Ich danke dir, Robert Roshdestwenski! Tatsächlich wissen meine Hände, was sie tun. Um so wichtiger ist es, daß ich jetzt jene Menschen überzeuge, von denen in den nächsten Jahren mein Erfolg abhängt.

Meine öffentlichen Auftritte in Moskauer Clubs oder vor Journalisten bewirkten nicht viel. Ich habe in der Rückschau versucht, eine Erklärung für das schwache Echo zu finden. Die Erklärung ist, daß die Anwesenden bei einer solchen Vorführung auf ein Wunder warten. Sie fänden es wunderschön, wenn ich vor ihren Augen Elektrizität produzieren würde. Noch besser wäre es, wenn ich schwere Ziegelsteine durch die Luft fliegen ließe. Es war jedoch nie mein Anliegen, Elektrizität zu produzieren oder Gegenstände durch die Luft segeln zu lassen. Ich werde öffentlich nie etwas vorführen, was im Bereich des Unbewußten liegt. Was nicht bedeutet, daß ich vor ungewöhnlichen Experimenten zurückschrecke. Ich habe oft vor Ärzten und Physikern Phänomene vorgeführt, die viel erstaunlicher sind als die Art von Kunststükken, die gewisse Skeptiker von mir zu erwarten scheinen. Wichtig ist, daß solche Experimente unter Beobachtung von Wissenschaftlern durchgeführt werden. Wenn ich so etwas mache, dann nur mit dem Ziel, die Aufmerksamkeit der Experten auf die Tatsache zu lenken, daß meine Behandlungsmethode eine genaue Untersuchung verdient.

Im ersten Moskauer Sommer habe ich eines verstanden. Damit ein Wissenschaftler meine Methode verstehen kann, ist es notwendig, daß diese Methode mit Hilfe der exakten Wissenschaften begründet wird. Messungen müssen durchgeführt werden. Als Hindernis erwies sich, daß die Physiker gar nicht bereit waren, Wellen oder Phänomene zu untersuchen, die ihrer Meinung nach die physischen Vorgänge im Körper eines Menschen nicht beeinflussen können. Auf der anderen Seite gab es Mediziner, die den Physikern nahelegten, die Phänomene mit entsprechenden Meßvorrichtungen zu registrieren. Als zweites Hindernis erwies sich: Bei den Medizinern handelte es sich um Forscher, die ihre Zweifel am Einfluß des Geistes auf den Körper hatten. Sie glaubten nicht an meine Gabe und wollten die Gutachten der praktizierenden Ärzte nicht zur Kenntnis nehmen...

Es war ein Teufelskreis, den ich lange Zeit vergeblich zu durchbrechen versuchte.

Das erste Jahr in Moskau verstrich. Der turbulente Sommer war in einen langen, kalten Herbst eingemündet. Die Zeitungen und Zeitschriften, die in den ersten Monaten viel über mich veröffentlicht hatten, verstummten. Von den Wissenschaftlern, die mich nach meiner Ankunft in der sowjetischen Hauptstadt zur Durchführung von Experimenten eingeladen hatten, hörte ich nichts mehr.

Aber ich ließ mich davon nicht beirren. Ich würde keineswegs die Hände in den Schoß legen und einfach abwarten. Ich suchte nach einem Ausweg aus der Sackgasse, und meine Freunde halfen mir dabei; die Freunde und die Kranken aus vielen Ländern, die jetzt jeden Tag meine Wohnung füllten. Ich hatte viel zu tun. Es gab keine Spaziergänge mehr, keine freien Tage, keine Ferien. Aber ich wollte auch gar keine Ferien haben.

Ich schloß eine Reihe neuer Bekanntschaften. Einmal besuchte mich eine Gruppe amerikanischer Wissenschaftler, die von Michael Merphy angeführt wurde. Michael Merphy leitet in Kalifornien ein Institut zur Erforschung von PSI-Phänomenen. Wir sprachen über das Experiment, das ich 1979 in Tiflis auf dem internationalen Kongreß durchgeführt hatte.

Einer der Amerikaner sagte: »Wir waren in Tiflis und haben Sie während des Experiments beobachtet. Wir waren sehr beeindruckt. Sie erinnern sich sicher, daß damals ein Fernsehfilm gedreht wurde ...«

Natürlich erinnerte ich mich. Die Amerikaner hatten mir damals einen Umschlag mit unbelichteten Filmen hingehalten. Ich hielt die Filme etwa vierzig bis fünfzig Sekunden lang in meinen Händen, das ganze Experiment dauerte knapp eine Minute. Ich gab den Briefumschlag den Amerikanern zurück.

»Ich habe Ihre Filme belichtet.«

Die Amerikaner nahmen die Filme mit nach Kalifornien, wo sie das Material entwickeln ließen.

»Könnten die Filme nicht auch beim Passieren der Flughafenkontrolle belichtet worden sein?« fragte ich meine amerikanischen Besucher.

»Aber nein! Wir haben das von Ihnen behandelte Material immer zusammen mit Kontrollfilmen transportiert. Wären Ihre Filme bei der Kontrolle belichtet worden, dann wären auch die Kontrollfilme belichtet. Nach der Entwicklung stellte sich heraus, daß die Umkehrfarbfilme, die Sie nicht zwischen den Händen gehalten haben, schwarz waren. Die anderen sechs Filme waren belichtet. Auf dem Material waren kleine Kreise zu erkennen. Das Innere der Kreise war weiß, und von diesem Kern gingen Strahlen aus...«

»War denn jeweils der ganze Filmstreifen mit solchen Kreisen bedeckt?«

»Fast der ganze Filmstreifen... Es gab verschiedene Farbwerte. Um den weißen Kern waren rote, rosa, blaue und dunkelblaue Flecke zu sehen.«

Die Amerikaner haben mir erklärt, daß der Film das Licht in drei Bereichen aufnimmt. Wenn die Einwirkung des Lichtes schwach ist, erfährt der Film eine blaue oder dunkelblaue Färbung. Bei starkem Lichteinfall entsteht Rot, und wenn besonders viel Licht auf den Film kommt, wird das Material weiß.

Die Amerikaner führten dann aus, zu welchen Schlußfolgerungen sie gekommen waren. »Aus welchem Grunde zeigte der Film Färbungen in den drei Bereichen? Die Intensität der energetischen Einwirkung beweist, daß die Energie Ihrer Hände für die drei Bereiche ausreichte. An einigen Stellen war die Exposition so intensiv, als wäre der Film der direkten Sonnenbestrahlung ausgesetzt worden. Wir registrierten zwei Arten der Exposition: flächenmäßig und fleckig. Da die Kontrollstreifen unbelichtet geblieben sind, ist die Wahrscheinlichkeit, daß der Film nicht von Ihnen belichtet worden ist, gleich Null.«

Es war James Hickman, einer aus der amerikanischen Gruppe, der meinen Freunden folgendes erklärte: »Ich bin überzeugt davon, daß alle Menschen über die Fähigkeiten verfügen, die Dshuna vorgeführt hat. Aber nur wenige können ihre Gabe so deutlich, so überzeugend demonstrieren, wie sie es tut. Dshuna arbeitet sehr intensiv. Sie versteht es, die Aufmerksamkeit der Öffentlichkeit auf die Phänomene zu lenken... Eine Besonderheit bei Dshuna ist, daß die ihr innewohnende Energie gemessen werden kann. Es gibt dafür besonders entwickelte Instrumente. Dshuna ist ein wertvolles Untersuchungsobjekt.«

Ich, ein Untersuchungsobjekt? Warum nicht! Ich hatte gar nichts dagegen, daß mich jemand als Untersuchungsobjekt betrachtete, wenn nur die Wissenschaftler die nötigen Untersuchungen anstellten, damit meine praktischen Erfahrungen in den Kampf der Ärzte gegen die Krankheit übernommen werden konnten. Ich führte damals sehr interessante Gespräche mit Michael Murphy und seinen Kollegen. Diese Menschen verstanden meine Ziele, und sie schienen auch Wege zu wissen, wie ich diese Ziele erreichen konnte.

Michael Murphy hat es selbst nicht leicht, auch er muß kämpfen. Bis heute vertreten viele amerikanische Wissenschaftler die Ansicht, daß Menschen mit PSI-Fähigkeiten nichts als Scharlatane sind. In der Zeitschrift »Science-Digest« hat ein gewisser Prof. David Meyers dargelegt, daß alle Menschen mit PSI-Fähigkeiten – er nannte sie »Medien« – Lügner und Betrüger sind. Es gibt auch in der Sowjetunion Veröffentlichungen dieser Art.

Nach meinem Umzug von Tiflis nach Moskau erschien in der Zeitschrift »Ziskari« ein langer Artikel von Prof. Dr. med. K. Gegelaschwili mit dem Titel »Wunder und Wundertäter«. Der Professor ist mit mir in diesem Artikel nicht gerade zimperlich umgesprungen, und auch andere Heiler, die in der Sowjetunion tätig sind, bekamen ihr Fett weg. Nicht einmal meine Anhänger blieben von dem Autor verschont. So beeilte sich Professor Gegelaschwili, den Akademiker Kobzarjow für seinen »Hang zu Sensationen« zu rügen.

Prof. Gegelaschwili unternahm in seinem Artikel einen langen Exkurs in die Geschichte. Er berichtete über Ludwig XVI. und seine Gemahlin Marie-Antoinette und über die Zaubertricks des Grafen von Cagliostro. Er kritisierte Mesmer und Rasputin. Er stritt mit Spirkin, dem Theoretiker der Biofelder, und mit Kruglos wetow, dem er parapsychologische Neigungen nachsagte. Schlußfolgerung des Artikels war, daß Mystik und gesunder Menschenverstand unvereinbar sind. Heilkunde, wie sie von mir betrieben würde, hätte nichts mehr mit Wissenschaft zu tun.

Es liegt mir nicht daran, mit dem Autor jenes Artikels zu streiten. Es war Rewas Dshaparidze, der 1983 in der Zeitschrift »Literaturnaja Grusija« die Haltlosigkeit der dort kritisierten Argumente nachwies. Ich zitiere: »Prof. Gegelaschwili gibt selbst zu, daß die große Autorität von Mesmer zu einer ganzen Anzahl von Heilungen führte, besonders bei Menschen, die an funktionalen Störungen des Nervensystems litten...«

Damals lernte ich Prof. Dr. phil. Panzchawa kennen. Er ließ sich bei mir wegen der Parkinsonschen Krankheit behandeln. Es gelang mir, sein Befinden deutlich zu bessern.

Prof. Panzchawa kam zu der Schlußfolgerung, daß es sich bei meiner Behandlungsmethode nicht um reine Psychotherapie handelt, »sondern um ein viel komplizierteres Phänomen, das unbedingt näher untersucht werden sollte«.

Ich möchte noch einen anderen wichtigen Aspekt erwähnen, den Prof. Panzchawa herausgearbeitet hatte: »Das Phänomen Dshuna darf keinesfalls ignoriert und in die mystische Ecke abgeschoben werden. Friedrich Engels hat vor hundert Jahren über die komplizierte Natur der menschlichen Psyche geschrieben. Er hat festgestellt, daß die Psyche noch weithin unerforscht ist. Engels hat prophezeit, daß die Wissenschaft eines Tages entdecken wird, welche physikalisch-chemischen, biologischen und elektromagnetischen Vorgänge in unserem Gehirn vor sich gehen...«

Trotz der Schützenhilfe, die mir von Prof. Panzchawa zuteil wurde, ärgerte ich mich, daß ich als Mystikerin und als Scharlatanin bezeichnet wurde. In die Enge getrieben, schrieb ich ein zorniges Gedicht, das an meine Kritiker gerichtet war und mit folgenden Worten endete: »Ich bin Dshuna, nicht Cagliostro!«

Ich hatte damals noch keine Ahnung, daß G. I. Martschuk, Mitglied der Akademie der Wissenschaften und Vorsitzender des Staatskomitees für Wissenschaft und Technik der UdSSR, Zeit gefunden hatte, sich mit meiner Arbeit vertraut zu machen. Er hatte die Wissenschaftler offiziell angewiesen, »sich mit dem Phänomen Dshuna zu befassen«. Und natürlich konnte ich auch nicht wissen, daß auf Martschuks Anweisung hin eines der größten Forschungsinstitute von Moskau beauftragt wurde, ein spezielles Programm zur Untersuchung der physikalischen Felder der biologischen Objekte zu entwickeln.

Ich war während jener Zeit voll damit beschäftigt, gegen die bösartigen Gerüchte zu kämpfen, mit denen ich verleumdet wurde. Immer wieder wurde behauptet, daß ich die

Kranken mit Hilfe von Suggestion oder Hypnose heile.

Wenn ich mich über das unsinnige Gerede lange genug geärgert hatte, heilte ich. Besonders gute Resultate erzielte ich bei der Behandlung von Kindern, die an Strabismus litten, so wird in der Medizin das Schielen bezeichnet. Schielen ist ein angeborener Defekt. Die Eltern neigen dazu, die Krankheit beim Kind erst behandeln zu lassen, wenn das Kind größer ist. Aus diesem Grund ist die Behandlung langwierig und führt zu recht unterschiedlichen Ergebnissen.

Mir wurden schielende Kinder verschiedener Altersgruppen gebracht, vom Säugling bis zum Teenager. Ich behandelte sie alle. Schon bald nach Beginn meiner Tätigkeit als Heilerin hatte ich eine spezielle Methode zur Behandlung von Strabismus entwickelt. Ich wußte genau, was ich zu tun hatte, um der Krankheit Herr zu werden.

Was sieht der Zuschauer, der mich bei der Behandlung eines schielenden Kindes beobachtet? Ich brauche nur Sekunden, um das Ausmaß des Defektes festzustellen. Nach einer Minute beginne ich das Gesicht des Kindes zu streicheln, ohne es jedoch zu berühren. Nach der siebten Sitzung ist der Strabismus verschwunden, das Kind schielt nicht mehr.

»Sehen Sie doch nur, Dshuna! Das Kind hat ganz normale Augen, wie alle anderen Kinder!« Die Eltern eines solches Kindes sind überglücklich, ich kann das nur zu gut verstehen.

Meine Antwort in solchen Fällen ist immer die gleiche. »Die Augen Ihres Kindes sind viel schöner als die Augen anderer Kinder...«

Und dann mache ich mich daran, den nächsten kleinen Patienten zu behandeln. Ich weiß, daß ich den Defekt des Strabismus beseitigen kann. Ich habe eine Vielzahl von Menschen von viel ernsteren und komplizierteren Leiden befreit. Wenn ich hier etwas ausführlicher auf das Schielen eingehe, so geschieht das aus einem besonderen Grund.

Der genannte Defekt ist einer der wenigen Fälle, wo die Heilung durch Handauflegen für jedermann deutlich sichtbar wird. Vorher hat das Kind geschielt, jetzt schielt es nicht mehr. Daß die Patienten, die hier geheilt werden, Kinder sind, ist aus einem anderen Grunde bedeutsam. Es ist seit langem bekannt und bewiesen, daß Säuglinge weder auf Suggestion noch auf Hypnose hin reagieren. Wenn ich einen Säugling vom Strabismus heile, dann kann das also nicht an dem suggestiven oder hypnotischen Einfluß liegen, den ich auf das Kind ausübe. Es ist auch bekannt, daß sich Strabismus nicht von selbst korrigiert. Es steht demnach eindeutig fest, daß meine Einwirkung in diesen Fällen weder psychogener noch psychotherapeutischer Natur ist. Ich heile mit den Händen. Ich bin Dshuna, nicht Cagliostro!

Das Jahr 1980 war für mich ein besonders schweres Jahr. Ich beendete die zwölf Monate, die so reich an den unterschiedlichsten Ereignissen gewesen waren, auf meine Art. Ich begab mich in eine Klinik, wo ich im Rahmen einer breit angelegten Versuchsreihe eine Gruppe von Patienten behandeln würde. Das Experiment fand in der sechsunddreißigsten Poliklinik des Frunzestadtbezirks von Moskau statt.

Die Aufgabe war leicht, ich sollte Diagnosen stellen. Ein einfacher Raum, ausgestattet mit einer Untersuchungsliege und einer Schirmwand, wurde mir zugewiesen. Ich brauchte weder das Bett noch die Schirmwand, weil sich die Kranken bei mir weder ausziehen noch hinlegen müssen. Die Arbeit begann. Ich verzichtete darauf, mich mit den Patienten zu unterhalten. Ich horchte auch nicht ihren Brustkorb ab. Der Name und das Alter des Kranken interessierten mich nicht. Ich hatte meine Hände, um die Diagnose zu stellen.

Die Patienten waren den Klinikärzten wohlbekannt; es gab von jedem eine ausführliche Krankengeschichte. Aber diese Krankengeschichten interessierten mich nicht, ich bekam sie auch gar nicht erst zu sehen. Ich arbeitete zwei Tage und stellte mehrere Dutzend Diagnosen pro Tag, jeweils zwei bis drei Stunden lang.

Ich möchte jetzt im Auszug das Protokoll zitieren, das nach Beendigung des Experimentes von der Leitung der Klinik angefertigt wurde:

»In der oben angeführten Zeit stellte Dshuna in dreiundvierzig Fällen eine Diagnose. Es handelte sich ausnahmslos um Kranke, die vorher in verschiedenen Krankenhäusern untersucht worden waren. Dshunas Diagnosen deckten sich in 97,3 % der Fälle mit den Diagnosen der klinischen Untersuchungen. Hervorzuheben ist, daß Dshuna bei 49,7 % der Kranken zusätzliche Krankheiten diagnostizierte, die später in 86,9 % der Fälle durch ärztliche Untersuchung bestätigt wurden.«

Gar nicht schlecht, Dshuna, sagte ich zu mir, nachdem ich das Gutachten gelesen hatte. Eine Trefferquote von siebenundneunzig von hundert ist eine gute Leistung.

Bei dem erwähnten Experiment wurde allerdings nur meine Befähigung zur Diagnose bestätigt. Wie aber sah es mit der Heilung aus?

Ich zitiere ein anderes Protokoll: »Insgesamt wurden einunddreißig Patienten von Dshuna behandelt, alle mit Erfolg. Sechzehn Patienten hatten an organischen Störungen des Nerven- und des cardiovaskulären Systems gelitten.«

Ich habe ein kleines Archiv, in dem ich die Fotos von Patienten aufbewahre. Auf einem der Bilder bin ich mit einer Gruppe von Kranken abgelichtet, die wie Kosmonauten aussehen; das liegt an den vielen Schläuchen und Leitungen, die von dem jeweiligen Patienten zu entsprechenden medizinischen Geräten führen... Das Heil- und Diagnostikzentrum verfügte über eine einfache poliklinische Apparatur. Der Zustand der Patienten wurde vor, während und nach meiner Behandlung auf Papierrollen registriert. Drei Tage später wurden die Patienten noch einmal mit Hilfe von verschiedenen Geräten untersucht, bei einigen Kranken gab es eine weitere Untersuchung nach einer Woche. Das Programm für das Experiment sah vor, daß ich 102 Patienten im Alter von sechzehn bis fünfundsechzig Jahren behandeln sollte.

Das Befinden der Kranken wurde in jeder Phase mit Hilfe von EKG- und EEG-Geräten sowie mit Hilfe eines Sphygmographen und eines Rheographen aufgezeichnet. Nach dem Ende des Experimentes lag ein riesiger Stapel EKGs, EEGs, Sphygmogramme und Rheogramme vor mir.

Betrachten wir die Ergebnisse, so wie sie in das offizielle Protokoll Eingang gefunden haben: »Bei 40% der Kranken wurden nach der Behandlung durch Dshuna deutliche Verbesserungen im EKG-Bild festgestellt. Bei einem Teil der Kranken normalisierte sich das EKG, bei den anderen wurde die Herzkontraktion ruhiger. Bei 35% der Kranken lagen die Behandlungsergebnisse im Mittelfeld.«

Es waren W.I. Waschkewitsch, der Leiter

des Heil- und Diagnostikzentrums des Frunzestadtbezirks, und A. M. Kulbassow, der Chefarzt der Poliklinik, die das Protokoll unterzeichneten. Sie sparten nicht mit Lob und Anerkennung, als sie mir das Dokument überreichten.

»Damit ist die Existenz des Biofeldes bewiesen... Die Untersuchungen sollten fortgesetzt werden, am besten in einem speziell eingerichteten Labor...«

In dem Protokoll wurde meine Arbeit vom 17. November bis zum 31. Dezember 1980 analysiert. Es war am Vorabend der Silvesternacht, als einer der Patienten, ein zehnjähriger Junge, der an einem Herzfehler litt, zu mir kam.

»Tante Dshuna«, sagte er aufgeregt. »Als ich gestern zu Ihnen kam, hatte ich 110 Pulsschläge pro Minute, beim Weggehen waren es nur noch 64, außerdem habe ich rote Backen bekommen. Das passiert sonst nur morgens, während der Heilgymnastik.« Er strahlte über das ganze Gesicht. »Tante Dshuna, ich wünsche Ihnen ein glückliches neues Jahr.«

Es war das schönste Lob, das ich mir vorstellen konnte.

Als ich daheim unter dem Tannenbaum saß, dachte ich über mein erstes Jahr in Moskau nach. Ich konnte zufrieden sein, ich hatte einiges erreicht. Hand in Hand mit den Ärzten hatte ich in drei Moskauer Kliniken gearbeitet, außerdem hatte es eine Reihe von Experimenten und Untersuchungen in Forschungsinstituten gegeben. Die Ärzte hatten festgestellt, daß ich in der Diagnose firm war, daß ich heilen konnte, daß meine besonderen Fähigkeiten keine Erfindung waren, und der Chefarzt der Poliklinik hatte sogar noch die Empfehlung hinzugefügt, daß die Phänomene weiter erforscht werden müßten.

Ich hatte allen Grund, freudig in die Zukunft zu sehen. Moskau hatte anerkannt, daß Dshuna existierte, und wenn ich existierte, dann konnte man auch die Phänomene nicht mehr wegleugnen, die ich so oft vorgeführt hatte. Ich war zuversichtlich, daß ich meinem Ziel nun mit Riesenschritten näherkommen würde. Die Glückwünsche der Freunde in der Silvesternacht bestärkten mich in dieser Hoffnung.

6. Kapitel

Sonne für alle

Um dem Leser das Verständnis für mich und meine Art zu denken zu erleichtern, möchte ich in diesem Kapitel näher auf mein kreatives Wirken auf dem Gebiet der Literatur eingehen. Ich sagte schon, daß ich in früher Jugend gelegentlich Gedichte schrieb. Im Laufe der Jahre wurde der Wunsch, mich in Worten und Bildern auszudrücken, zu einer wahren Leidenschaft.

Ich opfere dieser Leidenschaft fast meine gesamte Freizeit. Freizeit habe ich nur spät in der Nacht.

Meine Freunde sagen, daß sie ein Gedicht von mir wiedererkennen würden, auch wenn der Name der Verfasserin fehlt. Es scheint, als ob ich ganz bestimmte Themen und Gestalten in der Dichtung bevorzuge, und natürlich gibt es auch eine Verbindung zu meinem Beruf. In vielen Gedichten und Geschichten, die ich geschrieben habe, kommen Hände vor. Ich bin fest davon überzeugt, daß die menschliche Hand, freundschaftlich geöffnet, anderen

Menschen Güte, Wärme und Licht bringen kann.

Es war mein Freund, der Komponist Wladimir Migulja, der sich anbot, die Musik zu meinem Gedicht »Planet der Menschen« zu komponieren. Freudig willigte ich ein. Migulja dachte sich eine leicht zu merkende Melodie aus, er verlieh meinem Planeten Flügel. Das Lied wurde auf vielen Veranstaltungen der Weltjugendfestspiele gesungen und unter anderem im Fernsehen aufgeführt. Man kann es noch heute hören, wenn man das Radio oder das Fernsehen einschaltet:

»In jedem Haus singt man ein Lied,
Ein Lied, auf das man stolz ist.
Unser aller Haus, die blaue Erde,
Will von uns vereint besungen werden.
Die Erde, unser schönes, trautes Heim ...
Laßt uns alle Freunde werden,
Unter weitem, blauem Himmel
Strahlt das Gestirn. Sonne für
uns alle ...«

Es war immer mein sehnlichster Traum, der Traum einer Mutter, daß alle Menschen der Erde genug Sonnenschein, genug Licht und Wärme haben sollen. Der Himmel über den Ländern, so wünschte ich mir, sollte sich nie mit schwarzen Gewitterwolken überziehen. Das Wort heißt Frieden, und ich wünsche mir schon deswegen Frieden, weil ich in meinen

Jahren als Heilerin viele Menschen aus allen Ecken und Enden der Welt kennengelernt habe. Ungeachtet der Nationalität, habe ich Freundschaft mit ihnen geschlossen. Besucher und Patienten kommen aus den USA und aus Jugoslawien, aus Frankreich und Bulgarien, aus der Bundesrepublik Deutschland und Palästina, aus Indien und aus der CSSR, aus Mexiko und Kuweit; ich kann die Länder hier nicht alle aufzählen. Ich habe gelernt, daß es für alle diese Menschen nichts Wichtigeres gibt als Frieden, gutes Einvernehmen mit den Freunden und Gesundheit. Wir alle müssen mithelfen, damit der Traum Wirklichkeit wird. Indem ich heile, leiste ich meinen kleinen Beitrag.

Meine Tür steht den Menschen aus allen Ländern offen, ich drücke alle an mein Herz, die bei mir nach Licht und Wärme suchen. Patienten, Besucher, Anhänger meiner Heilkunst, Freunde und Verwandte – sie alle sind willkommen. Vor kurzem habe ich ein Gedicht geschrieben, das meine Gedanken zum Ausdruck bringt. Es heißt »Die Einladung«. Ich will einige Zeilen daraus zitieren:

»Ich decke den Tisch
Und stelle frische Blumen auf,
Damit das Zimmer duftet.
Ich reiße die Fenster auf,
Ich öffne die Türen, weit und breit.
Und eile

Den Menschen entgegen,
Die zu mir kommen ...
Die Welt kommt zu mir. Warum?
Kein Geiz in meiner Seele, klar und rein
Sind meine Hoffnungen,
Wie Sterne am Firmament. Ich lade
Die Freunde zum Fest.
Ich liebe den Regen und den Nebel,
Den Schneesturm und den Wind.
Kommt zu mir,
Regen und Nebel,
Auch du, Schneegestöber, das nur die
Menschen trennt,
Kommt alle her zu mir! Ich breite
Meine Arme aus und
Freue mich auf euch.
Die Sonne und der Mond, du schöner
Regenbogen,
Kommt in mein Haus, geniert euch nicht.
Ihr findet Platz bei mir, es gibt
Kein Warten vor der Tür.
Du Grashalm von den Bergen,
Du Blume aus dem Wald:
Willkommen! Bei Dshuna
Gibt es keine unerwünschten Gäste.
Ich brauche euch, ihr seid die
Hoffnung ...
Ich lasse das Feuer brennen.
Ich lade Blitz und Donner ein.
Alle finden
Platz in meinem Haus.
Stolz stehe ich auf der Schwelle

Und grüße die, die zu mir kommen.
Ich habe alle gern,
Meine Kraft ist die Liebe. Ich teile,
Was ich habe: Mein Lächeln,
Meine Blumen.
Wer eintritt, ist willkommen ...«

So blumig sich das anhören mag, es ist die schlichte Wahrheit. Ich bin immer bereit, Freunde und Besucher zu empfangen. Ich habe Zeit für alle, die das Wesen meiner Arbeit verstehen möchten. Meinen Besuchern zeige ich die von den Behandlungen aufgenommenen Kassetten, mein Video-Tagebuch. Ich spreche mit Freunden und Fremden über meine Gedanken und Pläne. Viele Menschen, die bei mir waren, sind zu meinen Anhängern geworden. Einige von ihnen helfen mir heute, meine Arbeit zum Ziel zu führen, andere sind bei mir, um nach meiner Methode heilen zu lernen. Schade ist nur, daß es eine Reihe von Medizinern gibt, die meiner Einladung bisher nicht gefolgt sind. Schade ist auch, daß einige Menschen nur zu mir kommen, um ihre Neugierde zu befriedigen.

Ich erinnere mich an eine berühmte Journalistin, die mir einen Besuch abstattete. Ich wußte sofort, mit welchem Ziel sie zu mir gekommen war. Sie suchte Material, um mich zu verunglimpfen. Ich ließ mir nicht anmerken, daß ich sie durchschaut hatte. Bevor sie ging, nannte ich ihr die Krankheiten, an denen sie litt. Ich nannte ihr auch die Krankheiten, von denen sie längst geheilt war. Die Frau war erschüttert und beschämt, als ich ihr zum Schluß die Hand drückte. Ich konnte ihre Gedanken lesen. Sie hatte soeben den Entschluß gefaßt, kein Wort über mich zu schreiben. Um so besser, dachte ich. Dann erscheint wenigstens nichts Negatives über mich.

Das Schicksal hat es gewollt, daß ein anderer bekannter Journalist zu meinem Patienten wurde. Nennen wir ihn Alexander. Dieser Journalist ist für seine satirischen Kurzgeschichten, die in einer Zeitschrift mit großer Auflage erscheinen, bekannt. In vielen seiner Geschichten glossierte er die Probleme des Gesundheitswesens. Einem seiner Artikel gab er den Titel »Es ist höchste Zeit, ein Exempel zu statuieren«. Der Artikel handelte von einer Kurpfuscherin, der nach Alexanders Meinung das Handwerk gelegt werden sollte.

Ich hatte die Glosse vergessen, als der Autor höchstpersönlich vor meiner Tür auftauchte. Er machte ein schuldbewußtes Gesicht. Sein Problem war, daß er eine unheilbare Wunde hatte. Er hatte mir eine Bescheinigung des onkologischen Instituts mitgebracht, wo dieser Befund bestätigt wurde. Ich sah ihm an, daß er in Todesangst war.

Ich wußte sofort, daß ich ihn heilen konnte. Ich behandelte ihn, und der Erfolg ließ nicht auf sich warten. Die »unheilbare« Wunde vernarbte. Alexander war wie neu geboren. Nicht nur das, auch in seinem Denken hatte sich einiges gewandelt. Ich weiß bis heute nicht, ob seine Glosse, mit der er die Praktiken einer Kurpfuscherin brandmarkte, auf mich gezielt gewesen war. Jedenfalls trat Alexander, nachdem ich ihn geheilt hatte, bei allen Gelegenheiten für mich ein. Jedem, der es hören wollte, erzählte er von dem Wunder. Er sprach auch mit einer Reihe von Medizinern, aber sie glaubten ihm nicht...

Ich bin daran gewöhnt, daß man mir meine Heilungen nicht glaubt, insofern bedeutete die Reaktion der Ärzte für mich keine Überraschung. Es hat immer wieder Kritiker gegeben, die in paradoxer Weise auf die von mir vorgeführten Phänomene reagierten. Vorher sagten sie, ich könnte nicht heilen. War der Patient geheilt, dann sagten sie, dieser Mensch wäre auch von allein gesund geworden.

Ich werde in diesem Buch nur noch beiläufig auf die Schwierigkeiten eingehen, die man mir in den Weg legte. Einiges zu diesem Thema habe ich bereits gesagt, vieles habe ich ganz einfach vergessen. Ich meine, daß es sich nicht lohnt, wenn ich meine Gedanken mit solchen Dingen belaste. Das Leben ist zu kurz, um es mit Feindschaften zu vergeuden. Ich habe viele Beleidigungen über mich ergehen lassen müssen. Einige Male bin ich regelrecht verraten worden. So gab es zum Beispiel eine Professorin, die nach umfangreichen Untersuchungen und Experimenten plötzlich erklärte, daß sie die wertvollen Unterlagen mit den Ergebnissen der Experimente »verloren« hätte. Ich durchlebte Konflikte, die an meinen Nerven zehrten. Es gab traurige Tage des Wartens...

Ich möchte ein letztes Beispiel für die Schwierigkeiten, die ich zu bewältigen hatte, anführen, ohne die Namen der Beteiligten zu nennen.

Ich hatte eine Reihe von Experimenten durchgeführt, die viel Zeit und viel Kraft verschlungen hatten. Die erzielten Ergebnisse übertrafen alle meine Hoffnungen. Dennoch hatte ich ein sonderbares Gefühl. Ich sollte bald bestätigt bekommen, wie berechtigt meine Skepsis war.

Ich sprach mit dem graumelierten Herrn, auf den ich so große Hoffnungen gesetzt hatte. Ich fragte ihn, ob er die bei dem Experiment erzielten Ergebnisse ähnlich positiv beurteile wie ich.

»Nein«, sagte er mit fester Stimme. »Was Sie da behaupten, ist völlig unmöglich. Gewiß, der äußere Anschein gibt Ihnen recht. Aber es gibt keine Erklärung für die von Ihnen vorgeführten Phänomene, und deshalb existieren diese Phänomene nicht...«

Es klang wie der Urteilsspruch eines Richters. Sein Blick irrte zu den Männern, die neben dem graumelierten Herrn standen. Einige waren darunter, die gestern noch von meiner Arbeit begeistert gewesen waren. Sie hatten mir geholfen, das Experiment durchzuführen. Jetzt versuchten sie, meinen Blicken auszuweichen. Nur der graumelierte Herr sah mir in die Augen. Er ließ mich seine ganze Verachtung spüren.

In diesem Augenblick wurde mir klar, daß es weder auf den graumelierten Herrn noch auf seine Untergebenen ankam. Ich würde künftig nicht mehr zulassen, daß andere Menschen für mich Schicksal spielten.

Als ich von dieser Unterredung nach Hause ging, fiel mir eine assyrische Legende ein, eine Parabel, die ich in meine Erzählung »Das goldene Schaf« aufgenommen habe:

»Hoch in den Bergen, auf einer saftigen Almwiese, graste eine Herde wilder Schafe, die aus dem Tal ins Gebirge geflüchtet war, um sich vor den Wölfen zu retten. Der herrliche Weidegrund, die großen, klaren Sterne in der Nacht, die vielen bunten Schmetterlinge am Tage, die im Gebüsch umherflatterten, das Zwitschern der Vögel, all das ließ die Herde auf ein ruhiges, schönes Leben hoffen.

Es war in einer Vollmondnacht, als die Herde ein markerschütterndes Geheul vernahm. Zitternd vor Angst sammelten sich die Schafe um einen verwitterten Felsen. Alle versuchten, sich im hohen Gras vor dem Angreifer zu verstecken. Aber der Wolf ließ sich nicht sehen. In der nächsten Nacht ertönte wieder das Geheul. Diesmal kam es ganz aus der Nähe. Den armen Tieren erstarrte das Blut in den Adern. Graue Schatten huschten herum, in den Büschen leuchteten hungrige, gelbe Augen. Und dann stürzte sich ein Rudel Wölfe auf die Herde.

Plötzlich stellte sich ein Schaf den Wölfen in den Weg, ein Tier, das die Herde noch nie gesehen hatte. Sein Fell glitzerte im Mondlicht wie das goldene Vlies, und um seinen Kopf leuchtete ein goldener Schein. Am schönsten waren die Augen des goldenen Schafes, sie waren von einer unbekannten leuchtenden Kraft erfüllt. Die Augen strahlten so viel Kraft aus, daß die Wölfe wie auf ein Kommando stehenblieben.

Mit gesträubtem Fell standen sie da, ihr gieriges Geheul tönte durch die Nacht. Doch sie waren machtlos gegen das Schaf, das stolz und ruhig in der Mitte der Weide verharrte; es hatte keine Angst, weder vor dem Geheul der Raubtiere noch vor ihren blutrünstigen Augen. Mit seinem Körper schützte das goldene Schaf die zitternde Herde.

Einige Wölfe wollten sich erneut auf die Schafe stürzen, aber sie wurden wie von einer unsichtbaren Riesenfaust zurückgeschleudert. Das Rudel wurde von einem alten, weißhaarigen Wolf mit vielen Narben im Fell angeführt. Als der Leitwolf sah, wie die anderen Wölfe den Schwanz einklemmten, knurrte er sie böse an. Feigheit ist bei Wölfen ebenso schlecht angeschrieben wie bei den Menschen. Das goldene Schaf aber ließ sich durch den zähnefletschenden Anführer der Meute nicht in seiner Ruhe stören. Es schien überhaupt keine Angst zu haben...

Über den Berggipfeln ging der Mond auf, und die Felsen hallten vom schaurigen Geheul der Wölfe wider. Da tat das goldene Schaf einen Schritt nach vorn. Die erste Reihe der Angreifer wurde wie durch Zauberei zurückgeworfen. Das gleiche Schicksal ereilte die zweite Reihe. Zuletzt schickte der Leitwolf seine mutigsten Tiere in den Kampf, aber sie erlitten alle eine Niederlage.

Der untrügbare Instinkt sagte dem Leitwolf, daß das goldene Schaf umzingelt werden mußte, wenn man es seiner Zauberkraft berauben wollte. Er ließ die Wölfe auf der Weide ausschwärmen.

Aber das goldene Schaf hatte das hinterlistige Manöver sofort durchschaut. Es führte die anderen Schafe an den Rand der Weide, wo ein tiefer Abgrund gähnte. Der Leitwolf deutete das als Flucht. Er faßte neuen Mut und führte sein Rudel zum letzten Angriff an.

Nichts konnte das goldene Schaf aus der Ruhe bringen. Der Schein über seinem Kopf war heller geworden. Die Wölfe konnten nicht sehen, was das Schaf sah. Jenseits des Abgrundes gab es eine wunderschöne Weide, die von spitzen Felsen umgeben war. Wenn es die Herde bis dorthin schaffte, konnten ihr die Wölfe nichts mehr anhaben.

Das goldene Schaf konzentrierte sich, dann hob es den Blick und sah die Herde an. Die Schafe gerieten in Bewegung, als seien sie von einem Zauberstab berührt worden. Kopfüber stürzte sich eines nach dem anderen in den Abgrund. Aber die Tiere zerschellten nicht auf den Felsen. Von der Kraft des goldenen Schafes getragen, landeten sie wohlbehalten auf der anderen Weide, die im Mondlicht schimmerte.

Die Wölfe folgten der Herde in wilder Wut, das ganze Rudel stürzte sich in die Schlucht. Die Berge hallten von dem Todesgeheul der Bestien wider, und die böse Melodie des Untergangs erfüllte die Nacht.

Der Leitwolf war der einzige der Meute, der überlebte. Es gelang ihm, am Rande der Schlucht haltzumachen; nur einige Steine, die er berührt hatte, wurden in die Schlucht hinabgeschleudert und verschwanden in der tödlichen Leere.

Hoch über der Schlucht stand der Mond, seine Strahlen beschienen das Schaf und den Wolf, die sich einander näherten. Die Augen des Leitwolfes funkelten in gnadenloser Gier. Die Augen des goldenen Schafes waren von Großmut und Mitleid erfüllt …«

Ich habe die Erzählung mit Absicht an dieser Stelle abgebrochen. Der Grund? Ich möchte nicht von den Kritikern in irgendeine Schublade gesteckt werden. Ich habe als Schriftstellerin noch wenig Erfahrung.

Es war der Dramatiker Viktor Legentow, der mir beibrachte, wie man schreibt. Legentow ist Autor eines Stückes über Edith Piaf, das auf russischen Bühnen recht häufig aufgeführt wird. Er war der erste, dem ich meine Gedichte und Parabeln vortrug, er wurde zu meinem Kritiker und Mentor. Legentow sagte mir einmal, daß er mein Schaffen als »Kosmischen Romantismus« betrachtet, und ich stimme ihm zu. Romantismus und Romantik sind die wichtigsten Bedingungen, damit Poesie, wie ich sie liebe, entstehen kann.

»Ist es eine Geschichte oder eine Sage?
Ist es das Lied eines alten Volkes?
Eine Gestalt erscheint
Vor unseren Augen,
Sie bringt uns neue Kraft,
Ermutigt uns zu neuen Taten,
Bestätigt uns in unserer Treue.
Wir suchen
Und finden uns im Universum ...
Zu den Sternen schweben wir empor
Als Gleichgesinnte,
Getragen von den sanften Wellen
Ewiger Bewegung ...«

Ich schrieb solche Gedichte in meiner Kindheit. Mein dichterisches Schaffen habe ich nie besonders hoch eingeschätzt. Für mich kam es immer nur darauf an, eine Stimmung zum Ausdruck zu bringen. Einen wichtigen Impuls, mein inneres Erleben in Worte zu fassen und dem Papier anzuvertrauen, habe ich während einer Reise nach Samarkand erhalten.

Ein usbekisches Filmteam hatte mich im Mai 1983 eingeladen, bei den Dreharbeiten zu dem Film »Die Jugend des Genies« mitzuwirken. Man hatte mir eine sehr interessante Rolle angeboten, den Part der Seherin Juna. Junas männlicher Gegenspieler in dem Film ist Ibn Sina, der im weiteren Verlauf der Handlung zu einem berühmten Arzt im Orient wird. Die Mitwirkung in diesem Film fesselte mich aus einem ganz besonderen Grunde. Schon Jahre zuvor hatte ich mich über Ibn Sinas altüberkommene Heilmethoden informiert, seine Bücher nahmen einen Ehrenplatz in meiner Bibliothek ein. Ich nutzte die Erfahrungen dieses großen Arztes, der im Altertum gewirkt hatte, bei meiner Arbeit als Heilerin. Und nun bot sich mir die einmalige Gelegenheit, diesen Ibn Sina in Gestalt des Darstellers, der seine Rolle verkörperte, gewissermaßen in Fleisch und Blut kennenzulernen.

Ich war außerordentlich aufgeregt, als ich mich auf meine Rolle vorbereitete. Alle anderen Arbeiten blieben liegen, ich interessierte mich nur noch für das Drehbuch und die Details der Ausstattung. Nach dem Willen des

Drehbuchautors sollte Juna in dem Film in drei verschiedenen Kostümen auftreten. Nachdem ich das wußte, übernahm ich die Initiative. Ich entwarf drei Kostüme. Um mich beim Zuschnitt der Gewänder inspirieren zu lassen, blätterte ich lange in alten Büchern, dann begann das Nähen. Ich wählte den Schmuck für die Rolle selbst aus und verzichtete dabei auf die Hilfe eines Beraters. Der Erfolg gab mir recht. Der Kostümbildner war ganz begeistert von den Gewändern, die ich geschneidert hatte. Jedes der Kostüme, so sagte er, sei ein kleines Meisterwerk, das sich vollkommen in den Rahmen des Films einpasse.

Man hatte mir gesagt, daß Samarkand im Juni besonders schön ist, jetzt hatte ich Gelegenheit, mich davon zu überzeugen. Schön ist für ein Gebilde wie Samarkand vielleicht nicht das richtige Wort. Die Stadt ist ein prächtiges Juwel, die orientalischen Dichter des Altertums haben sie nicht umsonst mit dem Antlitz einer reizvollen Frau verglichen. Die Schönheit der Natur und die Farbenpracht des blühenden Maitages wetteiferten mit der stillen Erhabenheit der vergangenen Jahrhunderte, die den Betrachter der alten Gemäuer in ihren Bann zog.

In Samarkand habe ich vielleicht am stärksten gespürt, daß die Zeit einheitlich, unteilbar und ewig ist. Mir schien es, als ob jeder Stein, jede Mauer, jedes Grabmal und jedes

Minarett zu mir sprechen wolle. In der Ausstrahlung dieser Dinge spürte ich die Energie, die sich in Jahrhunderten angesammelt hatte. All das bestärkte mich in der Ahnung, daß mir eine ungewöhnliche Offenbarung, eine Erleuchtung bevorstand.

Gleich am ersten Tag machten wir eine große Stadtbesichtigung. Wir, das waren Batyr Sakirow, ein in Usbekistan wohlbekannter Filmschauspieler, der Regisseur Elijer Ischmuchamedow, der Drehbuchautor Odelscha Agischew, der Fotokorrespondent Dimitri Tschischkow und ich.

Erwartungsvoll näherten wir uns dem Guri-Mir-Mausoleum. Vor der Schwelle zog ich meine Schuhe aus, ich wollte barfuß auf die uralten Steinplatten treten. Ich überquerte die Schwelle, und dann streckte ich meine Arme wie Antennen zum Himmel empor. Ich wollte die Signale der vergangenen Jahrhunderte mit meinen Händen auffangen. Meine Gefährten schwiegen höflich. Vor uns erhob sich das aus schwarzem Nephritgestein gefügte Grabmal von Timur Leng, der Samarkand im Jahre 1369 zur Hauptstadt seines Reiches gemacht hatte. Und dann geschah etwas Merkwürdiges: Ich spürte, daß das Grabmal leer war.

»Der Leichnam von Timur Leng muß an einer anderen Stelle beigesetzt sein«, sagte ich leise. »Die Stelle ist nicht weit von mir entfernt, sie liegt irgendwo unter uns.«

Batyr, der Filmschauspieler, quittierte meine Bemerkung mit einem unsicheren Lächeln. »Du hast recht, Dshuna. Timur Leng liegt in einem unterirdischen Gewölbe begraben, das nicht weit von hier entfernt ist.« Er wandte sich zu den anderen. »Ich werde es euch zeigen.«

Wir gingen eine lange Steintreppe hinab, Halbdunkel umgab uns. Dann waren wir in der Grabstätte angekommen.

»Unter diesen Steinplatten liegen zwei Menschen begraben«, sagte ich. »Neben Timur Leng liegt noch ein Mann. Wie sich die beiden hassen! Sie liegen zu eng beieinander, das ist nicht gut...«

Ich wußte damals noch nicht, daß der mächtige Herrscher mit einem seiner Enkel beigesetzt worden war, allerdings nicht mit dem geliebten Enkel, für den er das prächtige Mausoleum hatte errichten lassen.

»Natürlich ist die Grabstätte zu eng für die beiden«, flüsterte Batyr hinter meinem Rükken. Später würde er mir erzählen, daß die Mächte des Schicksals zwei Menschen im Tode zusammengeführt hatte, Timur Leng, einen Tyrannen, der die halbe Welt mit blutigen Kriegen überzog, und seinen Enkel, einen großen Astronomen, der vierzig Jahre lang über Samarkand herrschte und zum Schluß Opfer erzürnter Fanatiker wurde.

In der Zwischenzeit hatte ich neue Signale empfangen. Ich entzifferte sie.

»Einer von den beiden hatte ein krankes Bein. Er hinkte. Und der zweite ...« Mir graute vor dem, was mir mein inneres Auge zeigte. »Sein Hals ...«

Wie die Historiker berichten, war der berühmte Astronom mit einem heimtückischen Säbelhieb enthauptet worden. Der Kopf rollte einige Meter weit über die Steine ...

Wir gingen weiter. Ich schwieg. Es kam mir vor, als sei ich mit Körper und Seele in das graue Meer der Vergangenheit eingetaucht. Keiner meiner Gefährten sprach ein Wort, alle waren von dem Erlebnis tief beeindruckt. Nach einer Weile stiegen wir wieder die Treppe hinauf. Wir setzten die Stadtbesichtigung fort. Wärmende Sonnenstrahlen überfluteten die Straßen und Plätze. Ich glaube, jedem von uns schauderte es bei dem Gedanken, daß wir weitere Grabmäler besichtigen würden.

Aber die Grabmäler sind wichtige steinerne Zeugen für die Vergangenheit von Samarkand. Die Totenstadt wartete auf uns, elf Mausoleen, die eines nach dem anderen zur Regierungszeit des Eisernen Timur Leng errichtet worden waren und zur Schah-Sinde-Moschee gehörten. Obwohl die Bezeichnung »Totenstadt« den meisten Besuchern angst macht, ist die Moschee wohl das beeindruckendste Bauwerk der Stadt. In einigen Büchern wird der Komplex der Mausoleen »Der lebendige Zar« genannt. Diese Bezeichnung nimmt auf das Mausoleum des islamischen Propheten Kussam-Ibn-Abbas Bezug. Die Legende will wissen, daß Kussam-Ibn-Abbas – er entstammte der Sippe des Religionsbegründers Mohammed – nie gestorben war. Seinen eigenen Kopf in den Händen tragend, sei der Heilige in die kühlen Katakomben hinabgegangen, wo er heute noch lebe ...

Es war in diesem Mausoleum, wo ich neuerlich ungewöhnliche Signale empfing. Ich wandte mich an Batyr mit einer Bitte, von der ich wußte, daß sie ihm reichlich sonderbar vorkommen mußte.

»Bete!«

Batyr reagierte mit Verwunderung. Er hielt meine Bitte wohl für eine Laune, aber nach den Gesetzen der orientalischen Gastfreundschaft – Batyr ist Orientale – konnte er meine Bitte nicht ablehnen.

»Wenn du es willst, Dshuna, werde ich beten.«

»Nein, Batyr! Du sollst nicht beten, weil ich es will, du sollst beten, weil es für dich gut ist. Dein Schicksal ist mit dieser Grabstätte auf geheimnisvolle Weise verbunden. Ich kann dir nicht sagen, worin diese Verbindung besteht. Wenn du demnächst nach Taschkent kommst, sprich mit deiner Mutter darüber.«

Ich wußte, daß Batyr in persönlichen Angelegenheiten nach Taschkent reisen mußte. Als er zurückkam, begab er sich schnurstracks auf das Drehgelände, wo er mich bei der Filmarbeit antraf. Aufgeregt berichtete er mir über das Gespräch, das er mit seiner Mutter geführt hatte. Sie hatte ihm erzählt, daß ihre Vorfahren Kussam-Ibn-Abbas als Schutzheiligen verehrt hatten. Nach altem Brauch wurde jede Frau der Sippe vor der Entbindung zum Grabmal des Heiligen geführt. Auch Batyrs Großmutter war, bevor sie mit ihrer Tochter niederkam, in dieses Mausoleum gebracht worden.

An jenem Maitag tauchte ich tief in die Vergangenheit ein; ich führte Gespräche mit den früheren Jahrhunderten.

Ich erinnere mich noch sehr gut, daß wir zum Schluß der Stadtbesichtigung auf den berühmten Registan-Platz kamen, der von drei Seiten von monumentalen Bauten umgeben ist. Ich war von der Pracht und Schönheit Samarkands überwältigt. Wir besuchten Ulugh-Bei-Medrese, die islamische Hochschule für Juristen und Theologen. In diesem Gebäude war einst von den Weisen des Altertums Mathematik gelehrt worden. Mich beeindruckte auch das zwei Jahrhunderte nach Timur Leng errichtete »Gebäude mit den Löwen«, die Schir-Dor-Medrese und die mit Gold gedeckte Tillia-Kar-Medrese.

Uns allen war, als ob die Zeit stehengeblieben sei. Mir aber flog die Vergangenheit entgegen, wurde zur Realität, wurde greifbar... Ich begann eine geheimnisvolle Wanderung durch die Zeiten.

»Was für ein Rauchfang befindet sich im Anbau zur Tillia-Kar-Medrese?« fragte ich unseren Stadtführer.

Der reagierte ausweichend. »Das ist eine verworrene Geschichte, über die ich wenig sagen kann. Zwei verschiedene Zivilisationen...« Meine Gefährten sahen sich an. Aus irgendeinem Grunde hatte ich unseren Stadtführer mit meiner Frage in Verlegenheit gebracht.

»In dem Anbau zur Tillia-Kar-Medrese lebte ein Andersgläubiger«, sagte ich. »Der Beweis sind die rauchgeschwärzten Ziegelsteine. Es geschah vor hundert Jahren...« Ich schwieg eine Weile, und dann machte ich eine Bemerkung, die unseren Stadtführer vollends aus dem Gleichgewicht brachte.

»Der Mann, der vor hundert Jahren in diesem Anbau wohnte, ist heute in dieser Gegend eine Art Nationalheld.«

Unser Stadtführer konnte oder wollte uns nicht sagen, was das Rätsel aufgeklärt hätte. Es war dann der Mufti von Samarkand, der Klarheit in das Dunkel der Vergangenheit brachte.

»Dshuna hat recht«, sagte er. »Der Stadtführer wußte über diese Dinge nicht genau Bescheid, deshalb hat er Ihnen keine Auskunft geben können. Vor der Revolution lebte im Anbau der Tillia-Kar-Medrese der russische Maler Nikolajew. Er beheizte seine Wohnung nach slawischem Brauch mit einem

Ofen. Zu diesem Zwecke hatte er einen Rauchfang gebaut, der später zugemauert wurde. In der Gegend hier ist er unter dem Namen Usto-Mammin bekannt. Er hatte viele großartige Gemälde geschaffen.«

Meine Gefährten staunten, weil sich das, was der Mufti sagte, mit meinen Worten deckte. Batyr lachte, und das half unserem Stadtführer schließlich über seine Verlegenheit hinweg.

Meine Freunde und ich fanden immer mehr Gefallen an den Erkundungsgängen durch das alte Samarkand. Es stellte sich heraus, daß Ischmuchamedow und Agischew in der mittelasiatischen Kultur und der Geschichte dieses Landstriches recht gut bewandert waren. Im Filmteam sprach man über meine seherischen Gaben, die ich bei den gemeinsamen Spaziergängen unter Beweis stellte. Wann immer der Regisseur und der Drehbuchautor Zeit hatten, brachen wir zu neuen »Experimenten« auf.

Die Filmaufnahmen in der Dag-Bid-Moschee waren beendet, als mich jemand aus dem Team aufforderte, unter den vielen Gräbern die heiligste Grabstätte ausfindig zu machen.

Ich stand auf den alten Steinplatten und breitete meine Arme aus. Ich spürte, daß ich mit meinen Fingern etwas Unsichtbares berührte, die gespeicherte Energie von Menschen, die vor Jahrhunderten das Zeitliche gesegnet hatten. Ich nahm die Signale in mir auf und sagte: »Die heiligste Grabstätte ist die dritte von rechts in der zweiten Reihe. Es ist nicht das älteste Grab, und äußerlich unterscheidet es sich kaum von den anderen ...«

Meine Freunde nickten. Einer fragte: »Kannst du uns sagen, Dshuna, wer unter der Grabplatte begraben ist, auf der du gerade stehst?«

Ich wartete, bis die Signale klar zu spüren waren. »In diesem Grab liegt ein Mann, der vor etwa sechzig Jahren starb. Er ist keines natürlichen Todes gestorben, er wurde ermordet. Er war noch jung, zwischen achtzehn und zwanzig Jahre alt. Energisch, stürmisch, draufgängerisch und manchmal sorglos... Ein richtiger Komsomol.«

Als Komsomolen bezeichnet man die Mitglieder der kommunistischen Jugendorganisation in der UdSSR.

Elier Ischmuchamedow schlug überrascht die Hände zusammen.

»Du hast es erraten.«

Während meiner Zeit in Samarkand kam es zu einer ganzen Reihe von absonderlichen Ereignissen, für die ich bis heute keine Erklärung habe. Die Zeit, so scheint es mir, ist noch nicht reif, um das Tor aufzuschließen. Die Vorgänge, die sich im Bereich des Unbewußten abspielen, halten noch viele Rätsel für uns bereit. Wenn ich mich nicht besonders um die Aufklärung solcher Phänomene bemühe, so hat das einen ganz einfachen Grund: Meine Interessen sind klar abgesteckt, ich möchte mich nicht verzetteln. Ich bin Heilerin, das ist meine Berufung und meine Aufgabe.

Eine der letzten Filmszenen wurde auf historischer Erde, in Chiwa, abgedreht. Sie zeigt Hussein, der zu Pferd vor seinen Verfolgern flieht. Die Rolle des Hussein wurde von Bachtiar, dem Sohn des Filmschauspielers und Sängers Batyr Sakirow, verkörpert. Als Bachtiar schon für die Aufnahmen geschminkt war und auf sein Pferd wartete, trat ich zu ihm.

»Dir droht ein Unglück«, sagte ich. »Du solltest heute nicht auf diesem Pferd reiten. Laß die Szene von einem Double spielen.«

Ich gab ihm keine weiteren Erklärungen. Minuten vorher hatte ich eine Vision gehabt: Ein Reiter galoppierte mit seinem Pferd über einen mit Steinplatten belegten Platz. An einer glatten Stelle kam das Pferd zum Stolpern, der Reiter wurde über den Kopf des Tieres auf die Steine geschleudert, die Hufe des Pferdes trafen seine Brust, dort, wo das Herz schlägt... Ich sagte Bachtiar nichts von der Vision; ich beließ es bei der Warnung. Zu meiner Erleichterung nahm er sich meine Worte zu Herzen. Ein Double, ein junger Mann, der ein vorzüglicher Reiter war, bestieg das Pferd. Er verstand nicht recht, warum Bachtiar ihn für diese Szene bemüht hatte. Er wußte, daß dieser ebensogut reiten konnte wie er selbst. Das Gelände war eben, die Szene bot allem Anschein nach keine Probleme.

Die Dreharbeiten liefen an, und dann wurde meine Vision vor aller Augen Wirklichkeit. Der Reiter in seiner schmucken Rüstung floh vor seinen Verfolgern, er überquerte im Galopp den Platz, das Pferd stolperte und schleuderte den jungen Mann aus dem Sattel auf die Steine... Wie tot lag er da. Die Ärzte kamen herbeigeeilt; sie versuchten, ihn ins Leben zurückzurufen. Ich lief zu der Gruppe, schob die Menschen zur Seite und beugte mich über den jungen Mann. Ich hielt meine Hände über ihn. Stille, Schweigen...

Es dauerte fünfzehn Minuten, dann schlug der Reiter die Augen auf. Er erzählte: »Als das Pferd stolperte, flog ich aus dem Sattel. Ich sah, wie ein spitzer Stein auf mich zukam. Mit übermenschlicher Anstrengung gelang es mir, dem Stein auszuweichen, indem ich unter den Bauch des Pferdes tauchte. Ganz zur Seite rollen konnte ich mich nicht, da mein Fuß noch im Steigbügel steckte. Und dann spürte ich einen furchtbaren Hufschlag auf meiner Brust. Mein Herz war getroffen. An mehr kann ich mich nicht erinnern...«

Ich sagte ihm, daß er Bachtiar vor dem Tode gerettet hatte.

»Wenn du Bachtiar gewarnt hast, Dshuna, warum hast du mich nicht gewarnt?« fragte der junge Mann.

Sorgsam wählte ich die Worte für meine Entgegnung.

»Ich kann das Schicksal nicht beeinflussen. Ich wußte nur eines, Bachtiar hätte die Gefahr nicht überlebt. Du aber bist ein Stuntman, ein mutiger und erfahrener Reiter. Du bist durch deinen Beruf auf solche Stürze besser vorbereitet. Dein Herz wurde getroffen und blieb stehen; ich habe dir neues Leben eingehaucht. Ich danke dir, daß du Bachtiar vor dem Tode bewahrt hast.«

Die Kunde von dieser Episode wurde alsbald nach Moskau getragen. Es war der junge Stuntman selbst, der im zentralen Haus der Kunstschaffenden anläßlich der Vorführung des fertigen Films »Die Jugend des Genies« den Moskauern von meiner Vorahnung berichtete.

Es gab noch eine andere bemerkenswerte Episode, die sich während der Dreharbeiten zu jenem Film ereignete.

Nach Aufnahmen in der Chazrat-Chyzyr-Moschee fuhr ein Lastkraftwagen, der die schweren Beleuchtungskörper des Filmteams transportierte, einer Regieassistentin über den Fuß. Das Mädchen verlor vor Schmerzen die Besinnung. Sie wurde ins städtische Krankenhaus gebracht, wo der verletzte Fuß eingegipst wurde.

Als die Verletzte aus ihrer Ohnmacht aufwachte, weinte sie vor Kummer und Schmerz. Der Unfall bedeutete, daß sie für längere Zeit aus dem Filmteam ausscheiden mußte. Ebenso traurig war Elijer, der Regisseur.

Als ich von dem Unfall erfuhr, bat ich meine Freunde, das Mädchen aus dem Krankenhaus zu holen und in der Datscha einzuquartieren, die mir für die Zeit der Filmaufnahmen als Wohnung zur Verfügung gestellt worden war. So geschah es. Die ganze Nacht hindurch behandelte ich das verletzte Mädchen. Am Abend des darauffolgenden Tages konnte es schon wieder seinen verletzten Fuß benutzen. Einen Tag später lief es hinkend über das Drehgelände.

Heute noch höre ich das harte Geräusch der Klappe: »Die Jugend des Genies, die zwölfte...«

»Kamera läuft!«

Ich spielte meinen Part. Während ich, den Anweisungen des Drehbuches folgend, in die tausendjährige Geschichte eintauchte, sah ich, wie das geheilte Mädchen mich anstrahlte. Solche Blicke sind für mich der schönste Dank.

Nach den Dreharbeiten habe ich auf der Datscha eine Reihe von Kranken behandelt; das war meine Erholung nach den Aufnahmen des jeweiligen Tages. Ich habe niemanden zurückgewiesen, der bei mir Hilfe suchte, das hätte ich nie übers Herz gebracht...

Eine Szene des Drehbuches sah vor, daß Juna, deren Rolle von mir verkörpert wurde, dem jungen Hussein das Heilen durch Handauflegen beibrachte. Die Episode wurde in einem im Stil der Zeit gestalteten »Krankenhaus« gedreht, das die geschickten Bühnenbildner in der vor Samarkand gelegenen Moschee Dag-Bid entstehen ließen.

Der Regisseur hatte aus den Statisten einen Alten ausgesucht, der einen Kranken spielen sollte. Ich mischte mich ein.

»Warum nehmen wir für die Szene nicht einen Statisten, der wirklich krank ist?« schlug ich vor. »Er wird die Rolle doch viel überzeugender spielen. Und mir selbst fällt es auch leichter, wenn ich den Mann heile und die Heilung nicht nur vorspiele.«

Elijer nickte Zustimmung. Langsam ging ich durch die Schar der wartenden Statisten. Nach einer Weile machte ich vor einem alten Mann halt. Ich wandte mich an die Nebenstehenden.

»Der Mann ist taub, nicht wahr?«

Meine Annahme wurde bestätigt. Ich hielt die Hände über den Mann, registrierte sorgfältig die Signale, die von dem Alten ausgingen. Dann sagte ich:

»Der Mann ist etwa achtzig Jahre alt. Das Gehör hat er schon vor zwanzig Jahren verloren. Zuerst wurde er auf dem linken Ohr taub, dann auf dem rechten.« Ich fragte die Leute dann, ob man sich durch Schreien mit dem Mann verständigen konnte. Das wurde bejaht. »Dann sagt ihm bitte, er braucht keine

Angst zu haben. Ich werde ihn heilen. Er wird hören, wie er als junger Mann gehört hat...«

Und dann war der Teufel los! Von allen Seiten her kamen die Leute und schrien dem Alten auf usbekisch etwas in die Ohren, was ich nicht verstand. Der Mann drehte hilflos den Kopf, er wußte nicht recht, was das Ganze zu bedeuten hatte. Seit zwanzig Jahren vernahm er nur noch die Worte, die man ihm mit voller Lautstärke ins Ohr schrie.

»Der Mann hat keine organischen Störungen im Gehör«, fuhr ich fort. »Im Laufe der Jahre hat sich eine funktionale Abschwächung des Gehörnervs ergeben. Ich werde jetzt versuchen, den Zellen und dem Gewebe ihre frühere Funktionstüchtigkeit zurückzugeben, und zwar indem ich die Durchblutung der Gehörorgane aktiviere. Ich werde mit meiner Behandlung erwirken, daß die Zellen mit Sauerstoff gesättigt werden...«

Ich legte dem Alten meine beiden Zeigefinger auf die Ohrmuscheln.

Der Regisseur verließ das Drehgelände. Als er nach einer Dreiviertelstunde zurückkehrte, ließ er vor Staunen den Mund offenstehen. Furkat Raisijew, der Schauspieler, der den jungen Ibn Sina darstellte, und ich unterhielten uns mit dem alten Mann. Es war Furkat, der meine Worte ins Usbekische übersetzte. Als er dem Alten ins Ohr schreien wollte, runzelte dieser die Stirn.

»Warum schreist du so? Ich kann dich gut verstehen, auch wenn du leise sprichst.«

Die jungen Leute, die der Szene beiwohnten, klatschten Beifall. Ich hörte, wie die Älteren islamische Gebete murmelten. Die Schauspielerin, die »Ibn Sina« in der Kunst des Heilens unterrichten sollte, hatte vor aller Augen ein Wunder vollbracht! Und das in einer Moschee, an einem Freitag, dem Tag der heiligen Dshuna! Grund genug, ein Schaf zu opfern...

Ich mußte lächeln, als ich die Leute so reden hörte. Ich wußte, daß es kein Wunder war. Ich hatte den alten Mann mit Hilfe einer Methode geheilt, die ich über die Jahre hinweg entwickelt hatte. Eine überaus diesseitige Angelegenheit, so real und irdisch wie andere medizinische Therapien.

»Die Jugend des Genies« wurde mit dem Staatspreis der UdSSR ausgezeichnet und nahm einen triumphalen Weg durch die Kinos des In- und Auslandes. Vieles, was mit dem Film verbunden war, blieb in meiner Seele als Echo der Freude haften. Im traditionsträchtigen Samarkand hatte ich die Verbindung der verschiedenen Zeitschichten erlebt, eine Erfahrung, die mein künstlerisches Schaffen anspornte.

»Mein Herz erinnert sich
An Generationen,
Die einst lebten und
In mir weiterexistieren.

Ihr Schicksal ist das meine,
Sie leben in mir.
Mein Schicksal ist das ihre;
Aus jenen Menschen
Schöpfe ich meine Kraft ...«

Über die Zusammengehörigkeit der Jahrhunderte und über die Unteilbarkeit der Zeit schrieb ich mehrere Gedichte und Prosastücke. Die Titel lauten: »Die Weisen des schönen Assyriens«, »Meine gefallenen Vorfahren«, »Die Bogensehne«, »Der Pfeil«. Natürlich habe ich in meinen Dichtungen auch den alten Sterndeuter nicht vergessen, der aus der Tiefe der Zeit auftaucht, um mir in den schwersten Augenblicken meines Lebens zur Seite zu stehen.

»Assyriens Geschichte ist ein Buch
Mit sieben Siegeln und
Vom Blut bedeckten Seiten,
Ein Land, wo schwarze Vögel kreischen.
Zertrampelt sind
Die grünen, satten Weiden.
Assyriens Geschichte ist der Krieg,
Ihm werde ich mein Lob nicht gönnen.
Er mäht die Menschen um wie Halme,
Es rührt ihn nicht, wenn Mütter weinen.
Assyriens Geschichte sei gelobt,
Doch konnte ich darin nichts finden
Vom weisen und
Gutmütigen Sterndeuter,

Der nie im Herzen Böses trägt.
Er ist der Mann,
Der meine Sippe gründete.
Die Arme zu den Sternen richtend,
Empfange ich im Herzen die Signale,
Die mir den Weg
In die Unsterblichkeit ebnen.«

Einer meiner Freunde hat mir ein Bild geschenkt, das ich sehr liebgewonnen habe. Es zeigt die Herrscherin Semiramis mit einer Taube auf der Schulter. Als ich das Gesicht der legendären assyrischen Königin betrachtete, machte ich eine überraschende Entdekkung: Das Haar, die Form der Augen, die ausgeprägten Jochbögen, der ganze Ausdruck entsprach einer Fotografie, die mich während des Studiums in Rostow zeigt.

»Verstummt war ihre Stimme. Aber ich
Stand da und lauschte im stillen
Und blickte in ihr göttliches Gesicht,
Semiramis, du Schöne.
Nicht nur das Antlitz
Ist das gleiche.
Noch etwas anderes ist da,
Was uns verbindet,
Uns zusammenschmiedet.

Jahrhunderte verschmelzen
Dshuna und Semiramis,
Ich weiß jetzt,

Was mein Schicksal ist.
Geschaffen bin ich,
Einen Garten anzulegen
In der Öde. Einen Garten
Für die guten Menschen dieser Erde,
Damit sie sich vermehren
Und glücklich werden.
Die Kraft zu dieser Tat
Verleiht mir ihr Gesicht.
Semiramis, geliebte Schwester...«

Zu der Zeit, als dieses Gedicht entstand, schrieb ich Tag und Nacht, fast ohne Unterbrechung. Sobald ein Gedicht fertig war, trug ich es den Freunden vor. Dafür, daß sie mich unterstützten, bin ich ihnen bis an mein Lebensende dankbar. Meine Freunde verstanden, daß ich nicht aus einer Laune heraus schreibe. Ich schreibe, weil mir das die Möglichkeit gibt, meine intuitiven Kenntnisse mit anderen Menschen zu teilen.

Es ist Andrej Dementjew, der Herausgeber der Jugendzeitschrift »Junost« (»Die Jugend«), dem ich für die Verbreitung meiner Dichtung in der Sowjetunion zu danken habe. Dementjew ist ein Mensch mit viel Charme. Er ist der geborene Vermittler, in jeder Gesellschaft der Mittelpunkt. Wenn es Konflikte gibt, dann schlichtet er sie. Dieser Mann wurde mein literarischer Mentor. In seiner Zeitschrift erschien meine Erzählung »Selbstvertrauen«.

Irgendwann war es soweit, daß mein literarisches Schaffen auch in andere Publikationen der Sowjetunion Eingang fand. In der Wochenzeitung »Literaturnaja Rossija« (»Literarisches Rußland«) erschien eine Auswahl meiner Gedichte. Eines davon trägt den Titel »Das Geheimnis des Weltalls«. Es beschreibt einen Traum, eine Sehnsucht.

»Die Hülle meines Leibes ist zu klein
Für meine Seele.
Ein winziges Sandkorn nur
Bin ich, verglichen mit dem All.
In meinem Traum bin ich ein Stern,
Ein Stern, der fühlt,
Wie Menschen fühlen.
Ich will das Firmament berühren
Und erwachen, geheimnisvolles Wissen
In den Händen und die Kraft, zu heilen.«

In dem Gedicht »Mein Dank an die Natur« habe ich versucht, meine Beziehungen zur Natur zum Ausdruck zu bringen. Ich habe mich immer für einen Teil der Natur gehalten und war nie zu hochmütig, um von ihr zu lernen.

»Ich wollte einen Blitz bezähmen,
Habe mit ihm gespielt
Wie mit einer kleinen
Goldenen Schlange,
Ganz ohne Scheu.

Das Leben ist
Ein Zweikampf mit dem Tod.
Die Quelle der Unendlichkeit
Ist die Natur, der ich von Herzen danke.
Die Zeilen des Gedichtes
Zählend, bringe ich ihr
Meine ganze Liebe dar.«

Zitieren möchte ich noch eine kurze Strophe aus meinem Gedicht »Über den Triumph des Guten«. Dieses Gedicht war mein Dank für die schönen Tage in Usbekistan.

»Laßt uns dankbar sein für das Gute,
Laßt uns die Gewehre
Zum Schweigen bringen ...«

So gern ich Sie, lieber Leser, mit meiner Poesie bekannt machen möchte, dieses Buch hat ein anderes Ziel. Außerdem weiß ich, wie schwer sich Gedichte in andere Sprachen übertragen lassen. Ich will hier nur noch sagen, daß meine Gedichte in einer ganzen Reihe von Zeitungen und Zeitschriften veröffentlicht wurden. Derzeit bereite ich einen Band mit dem Titel »Gespräche mit den Sternen« zum Druck vor.

Unabhängig davon arbeite ich an dem Zyklus »Junias phantastische Reisen«, ein Buch, in dem auch die Parabeln ihren Platz finden werden, die ich an anderer Stelle schon erwähnt habe. Meine Erzählungen sind ein

Versuch, die Menschen mit meiner Arbeit vertraut zu machen, sie an jene Phänomene heranzuführen, für die es vorläufig noch keine wissenschaftliche Erklärung gibt. Ich werde in meiner Dichtung einen Teil der Geheimnisse lüften, die mir von der Natur anvertraut worden sind. Sie lächeln vielleicht, wenn Sie in meinen phantastischen Erzählungen blättern. Denken Sie daran, wie viele Bücher des Jules Verne Wirklichkeit geworden sind.

An dieser Stelle sei angemerkt, daß eine Erzählung aus dem Zyklus »Junias phantastische Reisen« vor kurzem vom Verlag Iskatel veröffentlicht wurde. Meine Erzählung »Das Wolkengebirge« erschien in der Übersetzung meines Freundes Milan Nikolič in der jugoslawischen Zeitschrift Koraci. Die Übersetzung einiger Gedichte von mir, die in Jugoslawien veröffentlicht wurden, stammt ebenfalls von Milan Nikolič.

Andrej Srymbianu, Emil Lottianu und andere moldauische Dichter haben dafür gesorgt, daß ein Sammelband meiner Gedichte in einem Verlag der Stadt Kischinjew erschien. Schauspieler aus Moskau und Georgien haben eine literarisch-musikalische Komposition geschaffen, die auf meiner Trilogie »Das Licht Georgiens« beruht.

Ich schreibe Liedtexte. Der junge Komponist Wladimir Migulja hat einige meiner Gedichte vertont, am besten gefällt mir sein Lied

»Die Birke«. Migulja arbeitet derzeit an seiner ersten Rock-Oper, ein Werk, das auf meinem Gedicht »Die Legende vom blauen Vogel« basiert.

Ähnlich fruchtbar war meine Zusammenarbeit mit dem jungen Komponisten Alexander Nogajew. Dieser Komponist ist in Ländern wie Frankreich und den USA durch seine »Sonate für Akkordeon« bekannt geworden. Heute widmet er sich hauptsächlich den modernen Melodien. Bei meinen Freunden besonders beliebt sind einige Lieder, die Nogajew zu meinen Gedichten komponierte. Ich nenne hier nur »Du bist mit mir«, »Ich weiß, du hast's vergessen« und »Du bist Musik für mich«. Es gibt einen anderen erfolgreichen Komponisten, der Gedichte von mir vertonte. Ich spreche von David Tuchmanow. Und dann ist da noch mein alter Freund, der bulgarische Sänger und Komponist Bissar Kirow. Während Sie diese Zeilen lesen, arbeitet Kirow an Melodien zu meinen Texten...

Es hat eine Reihe von Gelegenheiten gegeben, bei denen ich den Lesern und Liebhabern meiner Poesie Auge in Auge gegenüberstand. Zum Beispiel gab man mir die Möglichkeit, mein literarisches Schaffen im Zentralen Haus der Kunstschaffenden in Moskau, im Majakowski-Museum und in anderen Clubhäusern der Hauptstadt vorzustellen. Ich war sehr aufgeregt, als ich zu sprechen begann, aber alles ging gut...

An einem der Vortragsabende beteiligten sich Freunde und Moskauer Schauspieler an der Vorlesung meiner Gedichte. Besonders glücklich war ich darüber, daß der bekannte Dichter Andrej Dementjew, ein herzensguter Mensch, bei mehreren Gelegenheiten meine über alles geliebte »Legende vom blauen Vogel« vorgetragen hat.

Meine Dichtung hilft mir, den Alltag zu ertragen. Der Nachteil dabei ist, daß sie mich von meiner Arbeit ablenkt.

Der Strom der Besucher, die zu mir kommen und mich um Rat und Hilfe bitten, reißt nicht ab. Mein Herz blutet, wenn ich die Menschen leiden sehe. Ich weine Freudentränen, wenn es mir gelingt, einen Kranken zu heilen.

Blättern wir in meinem Gästebuch weiter. Ich zitiere einige Eintragungen, mit denen sich Patienten für die Behandlung bedankten.

»Im Alter von zwölf Jahren machte sich bei mir eine fortschreitende Kurzsichtigkeit bemerkbar. Ich ließ mich von mehreren Augenärzten untersuchen und behandeln, aber es war ohne Erfolg. Die Kurzsichtigkeit auf dem linken Auge betrug 4,75 Dioptrien, auf dem rechten Auge 4,5 Dioptrien. Dann begab ich mich zu Dshuna in die Behandlung. Nach der zweiten Behandlungsserie trat eine deutliche Besserung ein. Die Kurzsichtigkeit betrug jetzt auf beiden Augen nur noch 3,5 Dioptrien.

Nach der fünften Behandlungsserie war meine Kurzsichtigkeit auf 2,5 Dioptrien reduziert.

Galina Gendina«

»Im Jahre 1977 hatten die Ärzte bei mir eine Geschwulst, und zwar ein Adenom der Hirnanhangdrüse, festgestellt. Ich litt unter sehr starken Kopfschmerzen und unter Angina pectoris. Ich durchlief mehrere ernste hypertonische Krisen. Man riet mir, mich operieren zu lassen, aber das Risiko war so groß, als daß ich mich dazu entscheiden konnte. Ich wandte mich an Dshuna. Seit ich mich von Dshuna behandeln ließ, habe ich nur noch Kopfschmerzen, wenn ich sehr müde bin. Die Beschwerden am Herzen sind verschwunden.

A. Sawidowskaja«

»Ich litt an einem Mastdarmgeschwür, das im Institut für Proktologie in Moskau behandelt wurde. In Tiflis hatte man mir geraten, einen operativen Eingriff zu riskieren. Ich ließ mich nicht operieren, ich ging zu Dshuna. Nach der zweiten Behandlungsserie waren die Schmerzen verschwunden. Insgesamt absolvierte ich fünfzehn Sitzungen. Heute fühle ich mich ausgezeichnet.

Tengiz K.«

»Seit 1970 leide ich an der Parkinsonschen Krankheit. Die Beschwerden führten zu einer starken Beeinträchtigung meiner Arbeit. Nicht nur meine Bewegung, auch die Kommunikation mit der Außenwelt wurde dadurch behindert.

Ich ging zu Dshuna und fühlte mich schon nach der dritten Sitzung bedeutend besser. Ich konnte wieder schlafen, die nächtlichen Beinkrämpfe wurden seltener. Meine Arbeitsfreude kehrte zurück. Ich kann wieder unbeschwert lachen... Ich kann gar nicht sagen, wie dankbar ich Dshuna bin.

Prof. Dr. phil. Irakli Andronnikow,
Schriftsteller, Lenin- und
Staatspreisträger.«

Ich könnte noch viele solcher Eintragungen aus meinem Gästebuch zitieren. Ich verzichte darauf, weil ich nicht in den Verdacht der Selbstzufriedenheit geraten möchte. Allerdings möchte ich die Kommentare einiger Künstler und Dichter aus dem Grund erwähnen, weil sie in einigen Fällen sehr lustig formuliert sind.

Von dem Dichter Rassul Gamzatow, von dem an anderer Stelle bereits die Rede war, stammt die folgende Eintragung: »Als ich über Ihre Schwelle trat, Dshuna, kamen mir die Worte Michail Prischwins, des Schriftstellers, der unsere Natur besungen hat, in den Sinn: ›*Es scheint, als ob alle Wunderheilungen auf der Intensität der Gefühle beruhen, die der Heiler während der Behandlung für den*

Kranken fühlt. Die Aufgabe des Dichters ist es, die beseelte Natur für den Menschen einzufangen. Die Aufgabe des Arztes ist es, den Kranken genesen zu lassen, so daß er sich von seinem Lager erheben kann.‹ Sie, Dshuna, tun Ihre Arbeit, wie Montaigne es gefordert hat: mit Freude. Ein mürrischer Arzt kann niemanden heilen.«

Gennadi Gerassimow, der Herausgeber der Zeitschrift »Moscow News«, schrieb: »Dshuna heilt nicht mit ihren Händen, sie heilt durch ihr gutes Herz.« Es war Ion Ungurianu, ein berühmter Theaterregisseur, der sich mit der folgenden Eintragung in meinem Gästebuch verewigte: *»In Dshuna veritas.«*

Zu den Freunden, die ihre Dankbarkeit durch eine Eintragung in meinem Gästebuch dokumentierten, gehört der Dichter Jewgenij Jewtuschenko. Ich erzählte im ersten Kapitel, wie Jewtuschenko zu mir kam, um seine schöpferischen Kräfte zu regenerieren. Eines seiner größten und bedeutendsten Werke trägt den Titel »Fuku!«, es wurde in der Literaturzeitschrift »Nowyj Mir« (»Neue Welt«) veröffentlicht. Als ich die Zeitschrift las, stieß ich zu meiner Verblüffung auf einen Passus, den der Dichter mir gewidmet hatte.

Jewgenij beschrieb in diesem Passus die Krankheit und Genesung seines kleinen Sohnes Anton. Das Kind wurde in frühester Jugend von einem Zytomegalovirus befallen, der einen Teil seiner Gehirnzellen zerstörte. Jewgenij ließ das Kind in vielen Kliniken behandeln. Schließlich brachte er es zu mir. Der kleine Anton sah mich ungläubig an. Er war skeptisch, nachdem er schon bei so vielen Ärzten in Behandlung gewesen war. Sein Vater sagte mir, daß Toscha – das war Antons Kosename – nicht richtig sprechen könne, obwohl sich erfahrene Therapeuten und seine aufopfernde Mutter Jane, eine Engländerin, bemüht hatten, diese Störung zu beseitigen. Ich behandelte das Kind und heilte es. Es war der Vater selbst, der diese Heilung in seinem dichterischen Werk so dokumentierte: »Und den schwierigen Namen Dshuna sprach er plötzlich deutlich aus.«

Natürlich freute ich mich in tiefster Seele über diese Anerkennung. Aber es gab etwas, das mir noch wichtiger war. Gemeint sind die Gutachten medizinischer Fachleute. Immer wieder hat es über meine Heiltätigkeit positive Gutachten medizinischer Experten gegeben.

Im Sommer 1985 weilte Dr. James Differes, ein berühmter Arzt aus Holland, bei mir. Dr. Differes hat sich auf dem Gebiet der Endokrinologie, der Gerontologie und der Herzerkrankungen hervorgetan, er wirkt als Dozent an der Universität Leiden in Holland und Stanford, USA, wo er die Lehrstühle für Mathematische Biologie und Biophysik bekleidet. Als er in Moskau war, kam er zu mir, um sich behandeln zu lassen. Er litt an Herzrhythmusstörungen; die ärztliche Prognose für seine Erkrankung war schlecht.

Gestatten Sie mir, aus meinem Video-Tagebuch zu zitieren. Wir sind bei der sechsten Sitzung. Der Holländer sagt: »Schon nach der zweiten Sitzung fühlte ich mich gut. Das EKG wurde stabil, der Herzmuskel arbeitet intensiv und sicher. Ich kann wieder schnell gehen...«

»Einer der Gründe für meinen Besuch bei Dshuna«, so gab der Holländer zu Protokoll, »war meine Neugier. Ich wollte die Heilerin während der Arbeit beobachten. Wir haben in Holland viel über Dshuna gehört und viel über sie gelesen. In Europa kennt man diese Heilerin ebensogut wie in den USA. Ich hatte in Moskau Gelegenheit, Dshuna während der Behandlung einer Reihe von Patienten zuzusehen. Ich war von der Vielfalt der Handgriffe überrascht, die bei dieser Therapie Anwendung finden. Ich habe mit einigen Patienten der Heilerin gesprochen; ebenfalls mit den Ärzten, von denen diese Patienten vorher behandelt worden waren. Ich bin zu der Schlußfolgerung gekommen, daß Dshunas Behandlung der Einnahme einer guten Arznei gleicht. Ich weiß, daß sie einigen schwerkranken Patienten das Leben gerettet hat...«

Danke, Dr. Differes!

Ich erinnere mich sehr gut an die Zeit, als ich voller Ungeduld auf das Echo der Wissenschaft wartete. Ich war neugierig auf die Resonanz der führenden Mediziner meines Landes. Ich hoffte, daß mir die Anerkennung der Experten helfen würde, meine Ideen schneller zu verwirklichen. Was führende sowjetische Wissenschaftler von Dshuna halten, konnten die Bürger unseres Landes in der Ausgabe der Zeitung »Komsomolskaja Prawda« vom 31. Dezember 1982 nachlesen. Es gab Lob in Hülle und Fülle, ein besseres Neujahrsgeschenk hätte ich mir gar nicht wünschen können.

Der Beitrag war mit dem Titel »Die Begegnung mit einem Geheimnis« überschrieben, der Autor war Prof. Dr. Dr. J. G. Wassiljew, ein berühmter Physiker. Und hier ein Auszug aus jenem Artikel:

»Die Phänomene werden derzeit von einer Reihe von Wissenschaftlern untersucht. Die Erklärung für die Phänomene muß nach unserer Meinung in dem komplizierten Bild der elektromagnetischen und akustischen Felder gesucht werden, die um jedes biologische Objekt, natürlich auch um jeden Menschen, entstehen. Im Prinzip sind verschiedene Besonderheiten in der zeitlichen und räumlichen Verbreitung solcher Felder möglich, die um so größer sind, je seltener sie vorkommen. Die gewöhnlichen elektromagnetischen Felder, die sich um den Menschen bilden, sind nach unserer Meinung noch nicht ausreichend erforscht...«

A. N. Tichonow, ein führender Mathematiker und Mitglied der Akademie der Wissenschaften der UdSSR, schrieb: »Erscheinungen wie die Phänomene, die Dshuna vorführt, müssen im Detail analysiert werden. Man muß viele Menschen untersuchen, um jene herauszufinden, die ähnliche Fähigkeiten wie Dshuna haben. Die bei Dshuna beobachteten Phänomene sind eine für die Menschen und die Wissenschaft wichtige Realität.«

W. A. Trapeznikow, ein Fachmann auf dem Gebiet der automatischen Steuerung, erklärte: »Die Natur der Phänomene ist noch unbekannt. Die Phänomene abzuleugnen, birgt ein nicht zu unterschätzendes Risiko für die Wissenschaft in sich...«

Es war B. J. Paton, Präsident der Akademie der Wissenschaften der Ukrainischen SSR, der in einer Veröffentlichung die Meinung vieler sowjetischer Wissenschaftler zum Ausdruck brachte. »Ich bin von der Wichtigkeit einer ernsthaften und planmäßigen Erforschung der physikalischen Felder biologischer Objekte überzeugt, folglich auch von den phänomenalen Fähigkeiten, über die Dshuna allem Anschein nach verfügt.«

Leonid Leonow, ein berühmter Schriftsteller und ein lebender Klassiker der Literatur, schrieb in der Zeitschrift »Komsomolskaja Prawda« die folgenden Zeilen: »Die moderne

Wissenschaft spart bei der Forschung oft Vorgänge aus, die ihr rätselhaft erscheinen, die aber einer grundlegenden Untersuchung bedürften.«

Einige Leser der »Komsomolskaja Prawda« hatten an die Zeitung geschrieben und gefragt, ob die Erscheinungen vom Typ des Phänomens Dshuna endlich wissenschaftlich erforscht würden. Es war A. P. Alexandrows, Präsident der Akademie der Wissenschaften der UdSSR, der auf diese Frage mit einem klaren »Ja« antwortete. Aus seiner Stellungnahme: »Es ist noch verfrüht, von irgendwelchen Entdeckungen zu reden, obwohl es Wissenschaftler gibt, die in dieser Frage optimistischer sind als ich. Andererseits ist es falsch, Menschen wie Dshuna, die aufrichtig versuchen, Kranken zu helfen, als Scharlatane abzustempeln. Ich wiederhole: Man muß an der Klärung dieser Erscheinungen arbeiten!«

Zweieinhalb Jahre später druckte »Moscow News«, eine Zeitschrift, die in einer Reihe von Sprachen herausgegeben und in vielen Ländern der Welt gelesen wird, die Stellungnahme des Präsidenten der Akademie der Wissenschaften der UdSSR ab.

»Reicht einander die Hände ...«

Die Wissenschaftler haben mir die Hand gereicht, und ich kam ihnen entgegen. Die Arbeit des Heilens begann, eine schwierige, aber auch wunderschöne Arbeit, von der ich mein ganzes Leben lang geträumt hatte, eine Arbeit mit unzähligen Experimenten, mit erwarteten und unerwarteten Ergebnissen.

Über meine Zusammenarbeit mit den Wissenschaftlern will ich im nächsten Kapitel berichten.

7. Kapitel

Die steilen Stufen

Im Vorwort und in einigen Kapiteln dieses Buches wurden einzelne Szenen meines Lebens wie in einem Film dargestellt. Ich wollte mich selbst mit den Augen anderer Menschen betrachten, deshalb habe ich diese Form gewählt. Ich habe mein Innenleben während dieser Zeit mit wenigen Strichen skizziert, wie ein Maler, der eine Skizze anfertigt. Warum ich kein genaueres Bild entwarf? Ich habe in früheren Jahren nur wenig Aufzeichnungen gemacht, weil ich mir nicht vorstellen konnte, daß mein Leben und meine Leistungen irgend jemanden interessieren könnten. Natürlich wurzelt alles, was ein Mensch tut, in seiner Kindheit, in den emotionalen Erlebnissen und Assoziationen. Ebenso wichtig für die Handlungen jedes Menschen sind die Besonderheiten seines Charakters.

Wer mein Buch bis zu Ende liest, wird verstehen, worin ich meine Aufgabe sehe. Jedes Talent ist sinnlos, wenn es sich nicht mit einem festen Charakter paart.

Ich bin in unzähligen Fällen Objekt der verschiedensten Untersuchungen gewesen. Eine Vielzahl von Experten der verschiedensten Wissensgebiete hatte Gelegenheit bekommen, sich eine Meinung über mich und meine Heilmethoden zu bilden; diese Fachleute beurteilen mich aus ihrer Sicht. Man wird mir nachsehen, wenn ich jetzt den Spieß umdrehe. Ich möchte in diesem Kapitel meine Zusammenarbeit mit den Wissenschaftlern aus *meiner* Sicht darstellen. Ich beginne im Oktober 1979 mit dem PSI-Kongreß in Tiflis. Ich kann schlecht beurteilen, was ein solcher Kongreß für die Wissenschaft bedeutet. Für mich war es ein wichtiger Meilenstein. Auf dem Kongreß spürte ich zum ersten Mal, daß ich mich im Epizentrum der Probleme befand, die von so weittragender Bedeutung für die ganze Menschheit sind.

Der Termin für den Kongreß war mehrfach verschoben worden; die Vorbereitung hatte mehrere Jahre gedauert. In Tiflis war die Veranstaltung das Tagesgespräch, man kommentierte die Ankunft und die Abreise der Teilnehmer, die Vorträge, die Experimente, alles. Der Kongreß fand bei herrlichem Herbstwetter statt. Die Ernte war sehr reich in jenem Jahr. Während des Kongresses wurde in der Stadt ein traditionelles Fest gefeiert. Die Teilnehmer des internationalen Forums waren im »Iweria«, im »Tbilissi«, »Sakartwelo« und »Abchasia«, den besten Hotels der Millionenstadt, untergebracht worden. Für die Bürger von Tiflis war es ganz einfach, die Kongreßteilnehmer zu erkennen. Jeder trug ein großes, rundes Abzeichen, auf dem die Worte »Das Unbewußte« eingeprägt waren.

Für mich hatte der Kongreß mit einer Enttäuschung begonnen. Ich war darüber informiert worden, daß die Forscherin Shafika Karagulla aus den USA nach Tiflis kommen würde, eine Frau, die viele Menschen mit phänomenalen Fähigkeiten untersucht und die Ergebnisse in ihren Büchern beschrieben hatte. Shafika Karagulla interessierte mich, weil sie sich intensiv mit der Erforschung energetischer und parapsychologischer Probleme befaßt hatte.

Leider hatte sie in letzter Sekunde abgesagt. Es fehlte auch der Präsident der Internationalen Gesellschaft zur Erforschung der Psychotronik, Zdenek Rejdak. Es fehlte der als Gastredner angekündigte US-Astronaut Edgar Mitchell, der über verschiedene Phänomene, die im Weltraum zu registrieren waren, ein Buch geschrieben hatte.

Ich stand damals noch ganz am Anfang, wissenschaftlich gesehen war ich ein kleines Licht. Erst viel später bin ich zum Ehrenmitglied der Internationalen Gesellschaft zur Erforschung der Psychotronik gewählt worden. Damals jedoch dachte ich nur sehr selten und sehr vage über die wissenschaftliche Begründung der Probleme des Unbewußten nach.

Was hätte ich auch zu diesem Thema sagen können? Im Gegensatz zu Edgar Mitchell war ich nie im Weltall gewesen. Ich hatte nie, wie Shafika Karagulla, ein Buch über das Phänomen der Kreativität geschrieben. Und doch wurde ich bei jenem Kongreß zum lebenden Träger der Problematik, für die sich alle interessierten. Tatsache ist, daß ich schon damals den glühenden Wunsch hatte, den Wissenschaftlern zu helfen. Da gab es den Begriff »Wunder«. Man bezeichnete damit Phänomene, die niemand erklären konnte, deren Realität für mich aber offensichtlich war. Auf dem Kongreß wurde das Interesse, das ich den Problemen der Forschung entgegenbrachte, gebührend gewürdigt.

Ein Zufall lenkte die allgemeine Aufmerksamkeit auf mich. Unter den Kongreßteilnehmern befand sich der führende amerikanische Psychologe Stanley Krippner, Vizepräsident der Internationalen Gesellschaft zur Erforschung der Psychotronik. Es war Viktor Adamenko, Korrespondent der sowjetischen Zeitschrift »Technik für die Jugend«, der mich mit Stanley Krippner bekannt machte.

Mister Krippner fühlte sich zu Beginn des Kongresses nicht wohl; er bat mich um eine Diagnose. Ich nahm die Untersuchung in einer Ecke neben der Treppe zum ersten Stock des »Palastes des Schachspiels« vor, in welchem der Kongreß tagte. Ich stellte fest, daß Stanley Krippner ein Leberleiden hatte.

Ich hatte keine Schwierigkeiten, ihm das zu erklären, weil ich das englische Wort für Leber kannte. Außer dem Leberschaden verspürte ich ein »Signal«, das vom linken Bein des amerikanischen Wissenschaftlers ausgestrahlt wurde.

Ich sagte ihm, daß etwas mit seinem Bein nicht in Ordnung sei. Mister Krippner lächelte und meinte, da müsse ich mich wohl geirrt haben. Dann eilte er zur Versammlung zurück. Ich war fest davon überzeugt, daß meine Diagnose stimmte. Als ich den Kopf hob, erblickte ich einen jungen Mann, der die Untersuchung beobachtet hatte. Es war Sergei Wlassow, Korrespondent der sowjetischen Zeitschrift »Ogonjok«. Wie sich zeigte, hatte ihn die Sache sehr neugierig gemacht. Er bat mich, auch ihm eine Diagnose zu stellen.

Ich hätte ihm gern gesagt, daß ich dazu wirklich keine Zeit hätte. Aber ich wußte, daß das sinnlos war. Er würde mich nicht in Ruhe lassen.

In dem Augenblick, als ich meine Hände nach ihm ausstreckte, wurde mir klar, daß er stark erkältet war.

»Sie haben Schnupfen«, sagte ich. »Wahrscheinlich haben Sie sich während der Anreise erkältet.«

Er lachte. Er war davon überzeugt, daß ich den Schnupfen auf sein Aussehen und seine belegte Stimme zurückgeführt hatte.

Was sollte ich tun? Wenn ich ihn davon überzeugen wollte, daß ich über so etwas wie außergewöhnliche Fähigkeiten verfügte, blieb mir nichts anderes übrig, als ihn zu heilen. Ich begann sofort mit der Behandlung. Das Gesicht meines jungen Patienten verklärte sich, als er wieder frei atmen konnte. In seinen Augen las ich grenzenloses Erstaunen.

»Welche Krankheiten habe ich noch?«

Ich fand heraus, daß er magenkrank war. Ich hielt meine Hände in einem Abstand von zehn bis fünfzehn Zentimetern vor seinen Magen und registrierte die Signale. Als ich mich für wenige Sekunden abwandte, brach er zusammen. Inzwischen waren wir von mehreren Dutzend Kongreßteilnehmern umgeben.

Der Zufall wurde zur Sensation. Nicht nur Mister Krippner, sondern die ganze amerikanische Delegation interessierte sich plötzlich für meine Fähigkeiten.

Krippner selbst suchte mich am nächsten Tag auf. Er vertraute mir an, daß er tatsächlich Probleme mit seinem Bein hätte, und zwar genau an der Stelle, die ich bezeichnet hatte.

Der Zwischenfall mit Wlassow wurde von der internationalen Presse aufgenommen. Auf dem Kongreß wurde ich von jenem Tag an von Wissenschaftlern und Journalisten förmlich belagert. Wlassow schrieb über die Sache einen Bericht für die Zeitschrift »Ogni Bolgarii« (»Das Licht Bulgariens«), der in Heft II des Jahrgangs 1982 veröffentlicht wurde. Er überschrieb seinen Bericht mit dem Titel »Die unbekannten Gesetze der Natur«. Ich zitiere:

»Eine Weile lang hielt Dshuna ihre Hände über meinen Bauch. Dann wandte sie sich ab und sagte etwas zu ihrer Freundin. Sie sprach georgisch, so daß ich sie nicht verstehen konnte. Wahrscheinlich ging es um den Amerikaner, über den sie sich geärgert hatte.

Während der Behandlung hatte ich nichts gespürt, aber jetzt wurde mir plötzlich schwindlig. Mein Blick vernebelte sich, meine Knie begannen zu zittern. Ich wollte mich hinsetzen, aber es war schon zu spät. Ich weiß nur noch, wie die Schwäche von meinem ganzen Körper Besitz ergriff, dann stürzte ich zu Boden und verlor das Bewußtsein. Ich hatte einen Traum. Ich war fünf Jahre alt, saß im Sand am Kadaschewskaja-Kai, wo ich geboren bin und fünf Jahre gelebt habe. Ich spielte. Plötzlich bemerkte ich einen schwarzgekleideten Mann, der vom Fluß her auf mich zukam. Er hielt die Hände nach mir ausgestreckt. Danach kann ich mich an nichts mehr erinnern. O doch, jetzt erinnere ich mich an Dshunas Ausruf: »Er ist ein Epileptiker!« Sie versuchte, mich während des Fallens aufzufangen, aber ich war zu schwer, ich fiel zu Boden. Als ich wieder zu mir kam, war ich schweißüberströmt. Meine Bewußtlosigkeit, das erfuhr ich später von Viktor Adamenko, hatte etwa fünf Minuten lang gedauert. Dshuna strahlte mich an: »Glauben Sie mir jetzt?«

Es stimmt, daß Wlassows Diagnose für mich ein Erfolgserlebnis war. Sein »Knockout« war ein Problem der Dosis, ich hatte die Energie meiner Strahlung etwas zu hoch angesetzt. Wlassow wurde zu einem meiner treuesten Anhänger.

Auch die Amerikaner wurden meine Freunde. Obwohl unsere gemeinsamen Experimente in Tiflis eher improvisiert waren, datiere ich den Beginn meiner Zusammenarbeit mit amerikanischen Wissenschaftlern auf den Oktober 1979.

Auf dem Kongreß lernte ich außer den Amerikanern noch eine Reihe von französischen Wissenschaftlern kennen; besonders aufschlußreiche Gespräche führte ich mit Monsieur L. Chertock. Die Franzosen hatten verschiedene Modifikationen der Freudschen Konzeption über die menschliche Psyche in die Diskussion eingebracht und das Interesse an dem Vater der Psychiatrie neu entfacht.

Je mehr Forscher ich kennenlernte, desto überraschter war ich, wie groß der Personenkreis war, der sich für außergewöhnliche Phänomene interessierte. Unter ihnen war ich der einzige Träger der bioenergetischen Problematik. Die Bezeichnung »bioenergetisch« bedeutet eine gewisse Einengung, die eigentlich unangebracht ist. In Wirklichkeit geht es bei den Phänomenen nicht nur um Biologie,

Psychologie und Medizin, sondern auch um Grundsatzfragen der Physik und Philosophie.

Jedenfalls war ich von bedeutenden Wissenschaftlern umgeben. Ebenso bedeutsam waren die Themen, die diskutiert wurden. Es fielen die Namen von D. I. Mendelejew, A. M. Butlerow, W. M. Bechterjew und L. L. Wassiljew, alles Wissenschaftler, die als Fachleute auf dem Gebiet der PSI-Phänomene gelten. Die verschiedensten Theorien und Richtungen wurden erörtert. Von Patanschali und Vivekananda war die Rede, von Ramakrishna und Ramacharaka, von Descartes und Spinoza, vom Körper und der Seele, von der Dualität und der Einheitlichkeit des Menschen. Eine Vielzahl von Namen und Begriffen stürzte auf mich ein: Uznadze, Scherosia, Anochin, Pribram, Wernadski, Ziolkowsky, Tschishewski, schließlich noch Mesmer, Gurwitch, Kashinski, Kaznatschejew, Kobzarjew, Matoyama, Puschkin, Bender, Putthof, Targ; sie waren alle Forscher und Wissenschaftler, die sich mit der Problematik des Unbewußten befaßt hatten.

Welche Themen auf dem Kongreß diskutiert wurden? Es ging um Biofelder und aurale Felder, um Prana, Pranoyama, Chakra und Nadi, um das Mantra, das Samyama, die Mechanismen der therapeutischen Wirkung der Akupunktur, um Homöostase, Ultraviolett, infrarote Strahlung und um den Bioelekteret-Effekt, um Neuroholographie, das frontorätikulare System, um das energetische Depot, um die Mitochondrien, Membranen und viele andere Problembereiche.

Mir schwindelte der Kopf, als ich all die merkwürdigen Begriffe hörte. Die Frage blieb, warum mich die Gastgeber eigentlich eingeladen hatten. Was hatte das Institut für Psychologie an der Akademie der Wissenschaften der Georgischen SSR im Sinn, als es mich auf die Teilnehmerliste setzte? Aus purer Neugier, wie wohl das »Medium« Dshuna aussähe?

Ich kann aus heutiger Sicht sagen, daß die Neugier für die Entscheidung der Wissenschaftler, mich zum Kongreß einzuladen, nicht die Hauptrolle gespielt hat. Ende der siebziger Jahre war die Zeit reif, um sich mit den realen Faktoren der informatorisch-energetischen Fernbeeinflussung eines Menschen und anderer Lebewesen auf einen Menschen zu befassen.

Die Arbeit des Kongresses bewies, daß es sich lohnt, über die ungewöhnlichen Fähigkeiten des menschlichen Geistes zu diskutieren – wenn nicht im Saal, so doch wenigstens in der Lobby.

An dieser Stelle möchte ich die Beiträge erwähnen, die von zwei Kongreßteilnehmern in die Diskussion eingebracht wurden. Es handelt sich um die Arbeit von Zabrodin und

Frischman, »Die individuellen Besonderheiten der Arbeit eines Menschen im subsensorischen Bereich«, und um den Vortrag von Kostandow »Über die physiologischen Mechanismen des psychologischen Schutzes«. Die beiden Beiträge sind in der dreibändigen Ausgabe der Zeitschrift »Das Unbewußte« veröffentlicht worden.

In den genannten Arbeiten kam nicht nur die Übereinstimmung der Forscher über die Probleme der menschlichen Psychophysik zum Ausdruck; die Beiträge führten zugleich in das Studium der PSI-Phänomene ein.

Warum ich Ihre Aufmerksamkeit besonders auf diese Beiträge hinlenke? Aus einem einfachen Grund. Ich kenne keine andere Forschungsarbeit, in der mit soviel Klarheit die Bedeutung einer wohlwollenden, unvoreingenommenen Atmosphäre bei der Demonstration außergewöhnlicher Phänomene unterstrichen wird.

Ich habe in meinem Leben oft vor dem Problem gestanden, daß ich meine Fähigkeit vor Menschen vorführen mußte, die von der Nichtexistenz meiner Fähigkeiten überzeugt waren. Trotz der Hemmschwelle, die dadurch aufgebaut wurde, hatte ich positive Resultate erzielt. Welche Anstrengung es bedeutet, unter solchen Bedingungen zu arbeiten, ist eine andere Frage ...

Insgesamt gesehen kann ich nicht behaupten, daß ich Pech gehabt habe. Ich bin vielen Menschen begegnet, die für die psychophysischen Wechselwirkungen zwischen Objekt und Subjekt der Behandlung sowie zwischen der Versuchsperson und dem Forscher Verständnis aufbrachten. Ich bin ihnen allen dankbar für dieses Verständnis.

Besonders wichtig war die Tatsache für mich, daß meine Meinung über die Bedeutung der psychologischen Atmosphäre für die Versuchsergebnisse ihre Bestätigung in einem wissenschaftlichen Dokument gefunden hat, und zwar in dem Bericht des Zentralen Forschungsinstitutes (ZFI) der Reflexotherapie in Moskau.

Lassen Sie mich Ihnen kurz erklären, welche Versuche im September 1980 in dem Forschungsinstitut durchgeführt wurden.

Die Mitarbeiter des ZFI der Reflexotherapie gingen von der Annahme aus, daß sich die Genesung der Kranken durch die von mir praktizierte Methode der kontaktlosen Massage auf psychologische Prozesse gründen könnte. Darum schlugen sie vor, bei der Vorbereitung und Durchführung der Versuche die EEGs der Patienten von einem ferngesteuerten Gerät registrieren zu lassen.

Aus einer Reihe von Gründen mußten die Versuche unterbrochen werden. Wir machten uns statt dessen an die Untersuchung der Wärmefelder und der Wärmeausstrahlung der Induktor- und Rezipientenfelder, die bei meiner Behandlungsmethode eine wichtige Rolle spielen.

Die Messungen wurden mit einem japanischen Thermovisor der Marke »INFRA« durchgeführt, mit einer Empfindlichkeit im infraroten Bereich von eins bis fünfzehn Mikron und einem Maximum von etwa neun Mikron. Während der Versuche hielten sich außer mir und dem Patienten noch acht bis zehn Mitarbeiter im Versuchsraum des Instituts auf.

Zuerst wurde die rechte Hand eines sechzigjährigen Patienten, der an einem chronischen Hyperabduktionssyndrom litt, mit dem Thermovisor untersucht, die Ergebnisse wurden auf einem Umkehrfilm registriert. Die Aufnahme zeigte, daß sich die Hand des Patienten auf dem Film nicht abbilden ließ, da ihr Wärmegrad der Umgebungstemperatur entsprach. Der Grund für die niedrige Temperatur der Hand war die stark gestörte Blutzirkulation in den Gefäßen. Am Unterarm war eine Zone besonders niedriger Wärmegrade zu erkennen, eine Folge der durch Narben gestörten Thermoproduktion.

Nach diesen Messungen begann das eigentliche Experiment. Ich hielt meine Hände über den Patienten. Der Mann sagte uns, daß er ein Schweregefühl in seiner rechten Hand verspürt, dazu ein Gefühl des Wegstoßens, vergleichbar dem Effekt, der sich ergibt, wenn man zwei gleichpolige Magnete aufeinander zuführt. Nach einigen Minuten waren die Symptome wie weggeblasen, es blieb nur die Wärme, die sich allmählich ausbreitete.

Das nächste Thermogramm wurde sofort nach einer Behandlung gemacht und nach jeweils fünfzehn Minuten wiederholt. Auf den Thermogrammen waren die Umrisse der Wärmeausbreitung gut zu erkennen. Anders als zu Beginn des ersten Experimentes war jetzt die ganze Hand zu sehen!

Ich war überglücklich. Meine Heilmethode war bestätigt worden. Ich sollte hier vielleicht erklären, daß ich meine Therapie oft als »Methode der Bluterwärmung« bezeichnet habe. Bei dem Mann, den wir uns für das Experiment ausgesucht hatten, erhöhte sich die Blutfülle in den kleinen und dann auch in den großen Gefäßen von Sekunde zu Sekunde. Gleich verringerte sich das Areal der kalten Zone um die Narben des Unterarms.

Die Forscher notierten: »Das Biofeld hat ein breiteres Spektrum als das Auflösungsvermögen des Thermovisors: eins bis fünfzehn Mikron.«

Das Experiment endete nach fünfundvierzig Minuten. Auf dem Bildschirm des Thermovisors war jetzt deutlich die ganze Hand des Patienten zu erkennen, die sich im Vergleich zum Beginn um 3° C erwärmt hatte.

Von diesem Ergebnis ermutigt, faßten wir den Entschluß, einen weiteren Versuch mit einem Kranken zu machen, dessen Blutzirkulation gestört war.

Der Kranke war vierundfünfzig Jahre alt und litt an chronischer Radikulitis, gestörter Blutzirkulation und Entzündung der Gefäßinnenhaut. Ich machte mich an die Arbeit. Auf den Aufnahmen waren deutlich die steigenden Temperaturen zu erkennen. Die Blutzirkulation in der behandelten Zone – es handelte sich um das Kniegelenk – wurde verbessert.

Die im Labor des ZFI der Reflexotherapie erzielten Ergebnisse waren von großer Bedeutung für mich, da sie voll und ganz die Untersuchungen bestätigten, die von den Mitarbeitern des Labors für funktionale Diagnostik des Zentralen Institutes der Traumatologie und Orthopädie (ZITO) in einer Moskauer Klinik durchgeführt worden waren. In einem Protokoll bestätigte I. P. Tschekmatschowa, Chefarzt der Poliklinik, »daß sich die Blutzirkulation im Kopf und in den Gliedmaßen des Patienten nach sieben bis acht Sitzungen normalisierten und verbesserten. Auch bei der Herztätigkeit und der Funktion des Verdauungstraktes waren Verbesserungen zu beobachten.«

Die Ergebnisse der beiden Untersuchungen haben meine Entschlossenheit, einen wissenschaftlichen Nachweis für den Nutzen meiner Therapie zu bekommen, beflügelt. Bemerkenswert scheint mir, daß die Apparaturen sowie die Methodik der Untersuchung bei den beiden Instituten verschieden, die Ergebnisse aber gleich waren. Meine Methode wurde objektiv bestätigt. Jetzt mußte sie nur noch weiterentwickelt und getestet werden. Die Tatsache, daß es heute noch keine unbestrittene Theorie des Biofeldes und keine einheitlich wissenschaftlichen Theorien über die Mechanik ungewöhnlicher menschlicher Fähigkeiten gibt, sollte der Fortführung von Untersuchungen nicht im Wege stehen. Hier möchte ich daran erinnern, daß eine umfassende Theorie der Röntgenstrahlen erst einige Jahre nach ihrer Entdeckung entwikkelt wurde. Die wissenschaftliche Erklärung für die Wirkungsweise von Aspirin gelang erst einige Jahrzehnte nach der Einführung des Medikamentes.

Was ist ein Biofeld? Natürlich erkläre ich es auf meine Art und Weise. Aber welche Bedeutung hat schon eine Theorie? Wichtig ist, daß den kranken Menschen geholfen wird. Dabei müssen Ärzte und Forscher zusammenarbeiten.

Bevor ich den Faden meiner Erzählung weiterspinne, möchte ich Ihnen, lieber Leser, einige Fragen stellen: Haben Sie sich schon einmal Gedanken darüber gemacht, was die Verstädterung unseres Planeten für Folgen hat? Oder darüber, daß die zunehmende Verschmutzung der Umwelt ein Anwachsen der pathogenen Faktoren bedeutet, daß Sauerstoffmangel im Blut und in den Geweben zu einer Verminderung der Abwehrreaktionen des menschlichen Körpers gegen Infektionen führt, daß der Ausbau des Verkehrsnetzes in den Städten indirekt bei vielen Menschen eine Herzmuskelatrophie zur Folge hat und welche Rolle die Medikamentenüberschüsse und die Abfälle von chemischen Stoffen für den Menschen unseres Jahrhunderts spielen? Wußten Sie, daß die Zahl der chronischen Krankheiten, der kardiovaskulären, psychischen und allergischen Erkrankungen, der Erkrankungen der Atemwege, der Bauchhöhle, des Stütz- und Bewegungsapparates und des Stoffwechsels ständig ansteigt?

Haben Sie je über die Folgen nachgedacht, die mit der massiven Anwendung von Antibiotika verbunden sind? Wußten Sie, daß seit der Einführung der Antibiotika eine Evolution der Krankheiten zu beobachten ist und daß immer mehr resistente Formen der Mikroorganismen den Ärzten zu schaffen machen?

Viele Wissenschaftler erklären die steigende Zahl der chronischen Erkrankungen durch veraltete Konzeption bei der Bekämpfung dieser Krankheiten. Sie glauben, daß wir unser Augenmerk bei der Bekämpfung von Infektionen und anderen Krankheiten zu sehr auf die Suche nach neuen Medikamenten gelenkt haben, anstatt uns auf die Prophylaxe und auf Heilmaßnahmen zu konzentrieren, die die Schutzmechanismen des menschlichen Körpers, vor allem das Immunsystem, aktivieren.

Dies sind Probleme, die sicher nicht schnell gelöst werden können. Aber es ist wichtig, auf diese Probleme hinzuweisen.

Was kann man, aus diesem Blickwinkel betrachtet, von meiner Heilmethode erwarten? Ich habe oft darauf hingewiesen, daß meine Therapie sich sehr einfach in jedes Haus und in jede Familie einführen läßt. Meine Methode erfordert weder Medikamente noch Geräte.

Der Forscher Botkin vertritt die Ansicht, daß die breite Anwendung fiebersenkender Mittel zu einer Verstärkung der dystrophischen Erscheinungen und zu einer Verschlechterung im Krankheitsverlauf führt. Zu der gleichen Schlußfolgerung kommt Salmanow in seinem Buch »Die geheime Weisheit des menschlichen Organismus«. Tatsache ist, daß bei hohem Fieber viele Mikroben leichter von einem Medikament vernichtet werden. Bei einer hohen Körpertemperatur kann beispielsweise der Grippevirus nur sehr schwer in die Zellen eindringen.

Ich möchte in diesem Zusammenhang darauf hinweisen, daß sich die phagozytare Aktivität der Leukozyten (weiße Blutkörperchen) und der Zellen des retikulo-endothelialen Systems bei der Erwärmung des Blutes erhöht. Mehr noch, die Erwärmung des Blutes stimuliert das menschliche Immunsystem und die Fermentenaktivität.

Ich spreche über die Bluterwärmung auf natürlichem Wege bis zu der Temperatur, die für die Abwicklung der Lebensfunktionen des Körpers notwendig ist. Diese Temperatur hängt in vielen Fällen von der richtigen Blutzirkulation ab.

Damit ist klar, warum ich meine Methode der Bluterwärmung für so wichtig halte. Diese Therapie, ganz besonders die Prophylaxe, kann von jung und alt, von groß und klein angewendet werden. Man kann sich auf diese Weise zu Hause oder im Urlaub, in der Stadt oder in Gebieten, die weit von der Zivilisation entfernt liegen, behandeln lassen. Dem »Phänomen D« vergleichbare Fähigkeiten kann sich jeder aneignen, so wie jeder Klavierspielen lernen kann. Ich behaupte nicht, daß jeder, der lange genug auf einem Klavier übt, zu einem Swjatoslaw Richter wird. Das ist aber auch nicht notwendig. Es genügt, wenn die Methode von einem ganz normal begabten Menschen angewandt wird. Erster Schritt ist, daß die Ärzte in meiner Methode unterrichtet werden müssen.

Ich habe über diese Notwendigkeit im März 1981 in der Redaktion der illustrierten Wochenzeitschrift »Ogonjok« (Auflage: zwei Millionen) gesprochen. Ich sagte: »Wenn wir lernen, die biologische Energie unseres Körpers in die richtige Richtung zu lenken, dann brauchen wir keine Angst mehr vor Krankheiten zu haben. Vorbeugung heißt die Devise. Natürlich ist das eine Aufgabe der Zukunft, aber wir müssen schon heute unsere Kräfte auf die Lösung dieses Problems hin konzentrieren. Wir müssen endlich die Geheimnisse des menschlichen Körpers enthüllen, über die wir so wenig wissen.«

In den Redaktionsräumen der Illustrierten »Ogonjok« hatte im Jahre 1981 ein Symposium stattgefunden, dem ich die gleiche Bedeutung wie dem bereits erwähnten Kongreß in Tiflis beimesse. Das Symposium war gut vorbereitet worden und hatte ein lebhaftes internationales Echo. Außer den Journalisten und Ärzten, die über die Ergebnisse meiner Arbeit berichteten, und außer den Professoren der Medizin, den Ingenieuren und einigen bekannten Persönlichkeiten der medizinischen Forschung nahmen daran Mitglieder der internationalen Gesellschaft zur Erforschung der Psychotronik teil.

Die Probleme wurden mit Sachkenntnis diskutiert. Es ging hauptsächlich um eine Erneuerung der Konzeption im Gesundheitswesen. Es wurde kritisiert, daß die medizinische Wissenschaft sich in der Erforschung der Krankheiten erschöpft, anstatt die Erforschung des Organismus und der bisher ungenutzten Möglichkeiten des menschlichen Geistes im Kampf gegen die Krankheit zu ihrer Aufgabe zu machen. Es wurde auf die Notwendigkeit hingewiesen, daß die moderne Medizin die Weisheiten früherer Jahrhunderte und Jahrtausende in ihr Arsenal aufnehmen müsse. Zwischen den medizinischen Praktiken in Ost und West sollten feste Brükken geschlagen werden.

Seitdem sind einige Jahre vergangen. Aber wenn ich heute die Zeitungen aufschlage und lese, daß Journalisten und Leser mit wachsendem Nachdruck für alternative Medizin eintreten, dann weiß ich, daß die Konferenz von »Ogonjok« damit auf anderer Ebene fortgesetzt wird.

Ich will jetzt über meine Zusammenarbeit mit der Internationalen Gesellschaft zur Erforschung der Psychotronik berichten. Die Gesellschaft wird seit über zehn Jahren von Dr. Zdenek Rejdak, einem Tschechen, geleitet. Man kennt Rejdak in Moskau als leidenschaftlichen Befürworter dieser neuen Wissenschaft. Er war es, der der Moskauer Öffentlichkeit viele führende ausländische Forscher auf diesem Gebiet vorstellte.

Neulich besuchte mich Rejdak in meinem Haus; er wurde von einem amerikanischen Wissenschaftler, dem Irisdiagnostiker Professor B. Jensen, begleitet.

Zdenek Rejdak ist der geborene Vermittler. Bei alledem ist er kein Mensch, der unangenehme Wahrheiten verschweigt. Er sagt ohne diplomatische Ausflüchte, was er denkt, und gewinnt immer neue Freunde dabei. Rejdak ist voller Humor, man kann ihn gar nicht aus der Ruhe bringen. Er ist gutmütig und von großer Energie erfüllt, berufen, die Menschen für die Erforschung ungeklärter Phänomene zu begeistern.

Es war Rejdak, der mich überredete, einen Artikel für den sechsten Internationalen Kongreß zur Erforschung der Probleme der Psychotronik (Bratislawa 1983) zu schreiben. Der Artikel trug den Titel »Die Hände und die menschliche Gesundheit«.

Als Rejdak bei mir den von Professor Medeljanowski unterschriebenen »Bericht zur Untersuchung des Phänomens der kontaktlosen Behandlung des autoperfusierten Herzpräparates eines Frosches und des kardiovaskulären Systems eines Menschen« sah, bewog er mich zu einer neuen publizistischen Heldentat, nämlich zu einer Publikation im Jahrbuch »Psychotronik und Gesundheit«, herausgegeben von der ältesten Ärztegesellschaft Slowakiens.

Von der kontaktlosen Behandlung eines Froschherzens war die Rede. Es war mir gelungen, bei diesem Experiment die Kardiodynamik des Herzens zu verändern. Der ganze Versuch hatte nur vier Minuten lang gedauert. Ich hatte meine Fingerspitzen in einer Entfernung von drei bis fünf Zentimetern vom Präparat gehalten. Die Geräte, so geht es aus dem von Professor Medeljanowski unterschriebenen Gutachten hervor, registrierten eine deutliche Veränderung der Hemodynamik bei dem isolierten Herzpräparat des Frosches. Auch bei der kontaktlosen Behandlung des kardiovaskulären Systems eines Menschen kam es zu einer Aktivierung des Blutflusses bei der Versuchsperson.

Es muß hier gesagt werden, daß der Verdacht von der Hypnosewirkung der Wunderheiler auf die Kranken (Suggestion bzw. Autosuggestion) schon durch Versuche entkräftet worden war, die ich 1983 im Institut für Biologische Physik beim biologischen Zentrum der Akademie der Wissenschaften der UdSSR in Pustschino durchgeführt hatte. Ich wies nach, daß mit der kontaktlosen Massage nicht nur Menschen, sondern auch Versuchstiere behandelt werden können.

Allerdings ließ ich mich von den erzielten Ergebnissen nicht zu einem Übermaß an Optimismus verleiten. Ich habe immer gewußt, daß meine Methoden zur Heilung und Vorbeugung von Krankheiten erst anerkannt werden, wenn die Wirkung der Behandlung durch Physiker bestätigt wird.

Heute werde ich auf breiter Ebene von den Physikern unterstützt. Man hat mir bestätigt, daß die normalen menschlichen Sinnesorgane (Auge, Gehörsinn und Geruchssinn) zur Erklärung des »Phänomens D« nicht ausreichen. Man nahm an, daß das Phänomen von den Bioobjekten mittels der von ihnen generierten physikalischen Felder, also den sogenannten biologischen Feldern, ausgelöst wird. Die Physiker wurden gebeten, diese Frage zu klären.

Die vergleichende Untersuchung der Signale, die von einem Menschen in seinen normalen Lebensfunktionen erzeugt werden, wurde von den Physikern mit Hilfe von speziell dafür entwickelten Apparaten durchgeführt. Zwei Versuchspersonengruppen wurden gebildet: eine Gruppe, bei denen man Besonderheiten in den physikalischen Feldern erwartete (Phänomen D) und eine Kontrollgruppe (Nichtphänomene). Die Untersuchungen ergaben, daß sich die räumliche und zeitliche Verbreitung der physikalischen Felder der Menschen aus der Gruppe D im Ruhezustand von der Verbreitung der gleichen Felder in der Kontrollgruppe kaum unterschied. Während der Behandlung wurde von den Meßgeräten eine Reihe von Veränderungen in den biologischen Feldern registriert, vor allem im Bereich der infraroten Strahlung, darüber hinaus kam es zu einer Vergrößerung der Intensität der superschwachen optischen Lumineszenz an den Fingern um den Faktor 1,5.

Damit gab es endlich Beweise für die Existenz des Phänomens D, und zwar physikalische Beweise...

Einmal kam ich ins wissenschaftliche Zentrum, wo ein neues Gerät aufgestellt war. Es handelte sich um einen Apparat, mit dessen Hilfe sich die Genauigkeit der Untersuchungsmethoden aufgrund der Isotopenmessung erhöhen ließ. Mir wurde vorgeschlagen, die Möglichkeiten und Grenzen meiner Behandlungsmethode mit diesem Gerät zu testen. Ich war sofort einverstanden. Das Experiment bestand in der Bluterwärmung eines Arztes, der Mitarbeiter des wissenschaftlichen Zentrums war. Der Name war Dr. J. N. Gorin. Dr. Gorin war vierzig Jahre alt und gesund. Meine diesbezügliche Diagnose deckte sich voll mit der Diagnose der Ärzte.

Die Behandlung, der ich Dr. Gorin unterzog, dauerte vierzig Sekunden lang. Wie das neue Gerät später zeigte, verbesserte sich die Durchblutung des Gehirns um 35%. Es trat eine Veränderung der Blutfülle im kleinen Kreislauf ein, und die Hauttemperatur im Schläfenbereich steigerte sich um 2,6° C.

Einen Monat nach diesem Experiment erreichte mich ein Telefonanruf aus dem wissenschaftlichen Zentrum. Man schlug mir vor, ein Experiment mit Kaninchen zu machen.

»Und wenn es Pantoffeltierchen sind, ich bin bereit«, war meine Antwort.

Auf dem Operationstisch im »Kleinen Operationsraum« lag ein betäubtes Kaninchen mit aufgeschlitztem Hals. Das Tier war an die künstliche Lunge angeschlossen. Durch entsprechende Vorrichtungen wurden der

Herzrhythmus, der endokardiale Druck, die Atemfrequenz, das EEG und der Pfortaderblutdruck registriert. Man sagte mir, daß zusätzlich zwei oder drei Blutproben aus der Vene des Versuchstieres für eine Analyse entnommen würden, um die Veränderung der Gaszusammensetzung des Blutes infolge meiner Behandlung zu bestimmen.

Ich hob die Hände.

Um die gleiche Zeit entnahm ein Mitarbeiter Blutproben aus der Vene des Tieres. Als er mit den Ergebnissen der Blutanalyse in den Operationsraum zurückkehrte, sammelten sich die Anwesenden um ihn, um die Resultate zu besprechen.

Ich beendete die Behandlung des Kaninchens, da keiner mehr auf die Geräte achtete. Alle wollten die Daten der Analyse erfahren. Es zeigte sich, daß sich die Gaszusammensetzung im Vergleich zu den Ausgangsdaten deutlich verändert hatte.

Und dann setzten die üblichen Fragen ein: Warum ich die Hände so oder so halte, was ich während der Behandlung spüre und denke, ob ich dabei ermüde... Ich sagte den Versuchsteilnehmern, daß ich mich bei der Behandlung des Versuchstieres vor allem auf die Veränderung des Gefäßtonus konzentriert habe. Die Zeit verging wie im Fluge, die Ärzte zeigten sich von der wohlwollenden Seite. Am Ende jenes Arbeitstages kam es zu einem bemerkenswerten Zwischenfall. Einer der Mitarbeiter hielt eine Stoppuhr in der Hand, er wollte die Dauer der Behandlung messen. Ich war ganz in meine Arbeit vertieft und achtete nicht darauf, daß sich meine Hände in unmittelbarer Nähe der Stoppuhr befanden. Mit einem Schlag blieb die Uhr stehen. Der Arzt, der sie in der Hand hielt, schüttelte sie und klopfte mit dem Finger gegen das Glas. Alles umsonst! Als ich begriff, daß ich es war, die das Malheur verursacht hatte, entschuldigte ich mich. In drei Tagen, so versprach ich, würde die Uhr wieder funktionieren.

»Warum nicht sofort?« kam die Frage. Ob man die Uhr denn nicht reparieren lassen solle?

»Das ist nicht nötig«, erwiderte ich, »die Uhr ist in Ordnung.«

Ich ging bei dieser Behauptung von meinen früheren Erfahrungen aus. Ich habe schon oft durch die bloße Annäherung meiner Hände komplizierte Geräte außer Betrieb gesetzt. Wenige Tage später funktionierten diese Geräte wieder.

Nach dem Experiment mit dem Kaninchen waren fünf Tage vergangen, als mich ein Mitarbeiter des Instituts informierte und mir sagte, daß die Stoppuhr wieder liefe.

Eine Woche später wurde ich zu einem neuen Experiment eingeladen. Eines der Labors im wissenschaftlichen Zentrum befaßte sich damit, neue Antioxydantien zu entwikkeln, so nennt man chemisch aktive Stoffe, die gegen die akute chronische Hypoxie wirken. Mit meiner Hilfe versuchten die Mitarbeiter des Labors, Varianten des biologischen Schutzes der inneren Organe und Gewebe zu finden.

Obwohl die mir gestellten Aufgaben bei diesem Experiment sehr kompliziert waren, hatte ich keine Sekunde gezögert, meine Beteiligung zuzusagen. Ich war immer bereit, gegen alle Hindernisse zu kämpfen, wenn ich dadurch bewirken konnte, daß meine Heilmethode wissenschaftlich anerkannt wurde.

Ich möchte nun von einigen ungewöhnlichen Ereignissen sprechen, die sich bei einem anderen Experiment ereigneten. Ich hatte meine Hände über ein Versuchstier gehalten, aber es war mir nicht gelungen, die Funktion der inneren Organe zu beeinflussen. Lange Zeit konnte ich keinen Grund für mein Versagen finden. Dann beschloß ich, den Raum genauer zu inspizieren. Ich stellte fest, daß die für die Behandlung ausgewählten Tiere sich in einem Käfig befanden, der hinter meinem Rücken stand, die Entfernung betrug nur zwei Meter. Mir wurde klar, daß diese Tiere »beeinflußt« waren. Natürlich durfte ich mit ihnen nicht weiterarbeiten. Das Experiment würde nicht *rein* sein. Die Forscher bezeichneten meine Hypothese als absurd, aber ich blieb fest dabei. Meine Forderung wurde berücksichtigt, die Versuchstiere wurden nun aus einem anderen Raum gebracht. Nachdem diese Bedingung erfüllt war, verlief das Experiment ohne Komplikationen. Auf die weiteren Versuche in dem erwähnten Labor möchte ich nicht eingehen, da sie alle gleichermaßen auf die Beeinflussung der Hypoxie gerichtet waren.

Übrigens ist es mir einmal gelungen, die sogenannte Alteration zu beseitigen, die infolge der fehlenden Erregung einzelner Teile des Herzmuskels entsteht. Das Resultat begeisterte alle. Nach Meinung der Wissenschaftler, die an dem Versuch teilnahmen, hatte ich zur Beseitigung der Alteration den Nervus vagus stimuliert, einen der wichtigsten Nerven im Herzinnervationssystem.

Immer, wenn ich nach einem Experiment nach Hause gehe, versuche ich, die Ereignisse des Tages zu analysieren. Ich rufe mir ins Gedächtnis, was die Wissenschaftler gesagt haben, die an dem Experiment beteiligt waren. Ich habe es mir zur Regel gemacht, meine Kenntnisse mit den Erfahrungen anderer zu vergleichen.

Wenn bewiesen werden kann, daß ich die Aktivität der Mediatoren beeinflussen kann, könnte dies nicht auch neue Möglichkeiten der Therapie bei Magen- und Zwölffingerdarmgeschwüren eröffnen? Bei der Heilung von Magengeschwüren gibt es eine Reihe ungelöster Fragen ... Ich vertrete die These, daß meine »Bioinduktion« als anticholinergisches Mittel eingesetzt werden könnte, vorausgesetzt, daß die Beseitigung der Alteration mit der Beeinflussung der azetyl-cholinempfindlichen Rezeptoren zusammenhängt. Tatsache ist, daß meine Patienten, die zur Behandlung von Magengeschwüren zu mir kommen, nach zwei bis drei Sitzungen keine Schmerzen mehr haben. Die dispeptischen Erscheinungen, Brechreiz, Übelkeit und das Aufstoßen, verschwinden. Nach neun bis elf Sitzungen vernarbt das Magengeschwür. Dies wurde mehrfach durch Röntgenaufnahmen bestätigt. Könnte hier ein Fall von Vagotonie vorliegen? Um solche Zusammenhänge zu bestätigen, wären neue Experimente und Versuche notwendig.

Es gibt bei den Experimenten manchmal Situationen, die mir sehr nahegehen. Einmal fragte ich einen Wissenschaftler, der mit mir einen Tierversuch unternommen hatte: »Wird das Kaninchen sterben?«

Der Mann zuckte die Achseln und fuhr mit seiner Arbeit fort. Ich lief auf den Gang hinaus und begann zu schluchzen. Mir war klar, daß das Tier sterben würde. Es hatte keine Chance. Ich bin kein Vegetarier und doch... Ich liebe das Leben, das die Natur den Menschen und den Tieren gegeben hat. Sinnlose Grausamkeit kann ich nicht gutheißen.

Manchmal allerdings komme ich mir selbst wie ein Versuchskaninchen vor. Oder wie ein Reh, das von den Jägern gehetzt wird... Einmal sah ich im Fernsehen einen Film, in dem ein Reh von einem Wilddieb erlegt wurde. Die Szene hat mich so stark erschüttert, daß ich über das Thema eine Kurzgeschichte und ein Gedicht schrieb. Dem Komponisten Igor Matwijenko gefiel das Gedicht so gut, daß er es vertonte. Das Lied trägt den Titel »Du, mein schönes Reh«. Ich möchte hier den Refrain zitieren:

»Du, mein schönes Reh,
Ich rate dir, flieh!
Es droht dir Unheil, flieh!
Lauf weg, und komm nie wieder,
Dein Leben steht auf dem Spiel ...«

Kehren wir zu den Menschen und ihren Problemen zurück. Ich möchte Ihnen von einem Kranken erzählen, von Iwan Petrowitsch Beljajew, der lange Jahre an Herzischämie, einem äußerst schweren Fall von Koronarinsuffizienz, litt. Er war siebenunddreißig Jahre alt, als die Ärzte ihm diese Diagnose stellten. Im Laufe der sieben Jahre, die nun folgten, verschlechterte sich das klinische Bild, die Stenokardieanfälle häuften sich. Vor zwei Jahren war bei diesem Patienten ein EKG der Herzkranzgefäße gemacht worden. Dabei wurde eine Stenose der vier Koronaradern festgestellt (bis zu 50%). Iwan Petrowitsch Beljajew fürchtete sich vor dem chirurgischen Eingriff, den man ihm riet, und kam zu mir. In dem Verlauf eines Jahres führte ich drei Behandlungsserien von je elf Sitzungen mit ihm durch. Danach wurde der Patient noch einmal von den Ärzten untersucht. Vor meiner Behandlung war er als Invalide eingestuft worden. Nach der Behandlung wurde ihm die Invalidität von einer Ärztekommission aberkannt.

Ein Jugoslawe litt unter den gleichen Herzbeschwerden wie der eben erwähnte Patient. Bei ihm wandte ich meine Bluterwärmungsmethode an. Ich begann mit der Behandlung der peripheren Gefäße (wahrscheinlich wird, wenn man den Mikrokreislauf des Herzens behandelt, der ungenügende Sauerstoffgehalt in den angegriffenen Gefäßen kompensiert). Ich führte mit dem jugoslawischen Patienten sieben Sitzungen durch, dann begleitete ich ihn ins Diagnostiklabor, das mit einem Laufband ausgerüstet war. Ich hatte dort die Möglichkeit, das EKG-Bild während des Versuches zu beobachten. Zunächst wurde ein EKG im Ruhezustand angefertigt, dann bestieg der Patient das Laufband. Bei der dritten Belastungsstufe begann er über Schmerzen hinter dem Brustbein zu klagen. Gleichzeitig wurden auf dem EKG-Bild die charakteristischen Veränderungen im ST-Segment sichtbar, was auf das Entstehen der Ischämie des Myokards in der linken Herzkammer schließen ließ. Der Versuch wurde unterbrochen. Der Arzt empfahl dem Patienten, Nitroglyzerin einzunehmen. Ich aber hielt ein anderes Mittel zur Beseitigung der Schmerzen bereit. Ich hielt dem Patienten meine Hände über das Herz. Innerhalb von einer Minute ließen die Schmerzen nach. Das EKG-Bild normalisierte sich. Ich ließ mir von den Ärzten die Erlaubnis geben, den Patienten eine halbe Stunde lang zu behandeln. Als ich die Behandlung beendet hatte, bat ich den Patienten, die Arbeit auf dem Laufband fortzusetzen, die wegen der aufsteigenden Ischämie unterbrochen worden war.

Ich sah, wie der Kranke das Laufband bestieg. Er passierte die dritte, dann die vierte Belastungsstufe... Bei der fünften Stufe wiederholte sich das EKG-Bild des ersten Versuches, diesmal allerdings ohne die retrosternalen Schmerzen.

Die zwei anwesenden Ärzte waren über die Verbesserung des Zustandes eines ischämischen Kranken außerordentlich erstaunt, sie konnten sich das nicht erklären. Aber es blieb ihnen nichts anderes übrig, als die Daten, die während des Versuchs von dem Meßgerät ausgedruckt wurden, als eine Tatsache hinzunehmen.

Für mich war dieser Versuch eine äußerst wichtige Erfahrung. Die Möglichkeit der Kontrolle während meiner Behandlung war damit bewiesen worden.

Ich hatte nie daran gezweifelt, daß meine

Methode Zukunft haben würde, nun aber wurde mir der Wert meiner Therapie auch noch durch Meßgeräte bestätigt. Sie mögen fragen, zu welcher Schlußfolgerung ich durch die erwähnten Experimente gelangt bin. Ich will Ihnen diese Frage gern beantworten. Zusammen mit den an den Experimenten beteiligten Wissenschaftlern war ich der Meinung, daß man nun eine Gruppe von Patienten mit schweren Gefäßerkrankungen bilden müßte. Diese Gruppe würde parallel zu einer Gruppe gesunder Menschen von mir behandelt werden.

Für mich bedeutete das Arbeit, Arbeit und noch mehr Arbeit...

Sehr gern sehe ich mir Kassetten aus meinem Video-Tagebuch an. Alle meine Experimente sind auf Video aufgenommen worden. Das ist schon deshalb notwendig, weil während der konzentrierten Arbeit viele wichtige Kleinigkeiten unbeachtet bleiben. Dinge, die man dann nachher auf dem Film entdeckt. Das Videogerät, vor allem das Standbild, gibt mir die Möglichkeit, solchen Details nachzuspüren.

Es ist mir gelungen, bei einem Versuchstier, dem die Luftröhre zugestopft worden war, den Atemstillstand zu filmen. Der Atemstillstand dauerte drei bis vier Minuten. Während dieser Zeit verhinderte ich durch meine Behandlung, daß das Herz stehenblieb. Bildlich gesprochen übernahm ich die Rolle des Sauerstoffes.

In diesem Experiment zeigten sich wie in einem Wassertropfen die Perspektiven für die Erhaltung des Lebens unter extremen Bedingungen. Ich war von dem Ergebnis des Experiments so begeistert, daß ich zu Hause ein Gedicht darüber schrieb.

Die Vidcokassette mit dem Film, wo ich die Rolle des Sauerstoffes übernehme, ist hauptsächlich für Physiologen und Ärzte interessant. Nichtmediziner können aus der Betrachtung nicht die notwendigen Schlußfolgerungen ziehen.

Mein Assistent Artjom hat auf Video aufgenommen, wie ich einem sechsjährigen arabischen Mädchen das Augenlicht zurückgab. Das Mädchen war im Alter von zwei Jahren nach einem Trauma erblindet. Beim Passieren einer Baustelle war die Kleine von einem herunterfallenden Balken getroffen worden. Das Mädchen wurde ohne Erfolg von Ärzten in aller Herren Länder behandelt, darunter in den USA und auf den Philippinen. Dann brachten sie es zu mir. Ich spürte sofort, daß ich diesem Kind helfen konnte.

Tatsächlich erlangte das Mädchen durch meine Behandlung sein Augenlicht zurück. Vielleicht sollte ich nicht über die Reaktion der Menschen sprechen, die der Heilung beiwohnten. Alle weinten und sprachen von einem Wunder. Ich weinte nicht, ich sprach auch nicht von einem Wunder. Mir genügte es, daß die Kleine wieder sehen konnte. Ich freute mich.

Der Videofilm zeigt, wie das Mädchen die Gegenstände zu sehen beginnt, wie es mit seinen kleinen Händen die Sterne auf meinem Tischtuch berührt.

Es gibt einen anderen Film, der nicht weniger aufregend ist. Mittelpunkt dieses Films ist ein junger Mann, der im Alter von zwanzig Jahren zum ersten Mal in seinem Leben die Klänge der Welt und menschliche Stimmen vernimmt. Und nun versucht er selbst, einige Laute auszusprechen. Er sagt meinen Namen...

Jede Heilung, die ich vornehme, ist für mich ein großes Ereignis. Ich werde mich nie daran gewöhnen.

Dies ist das richtige Kapitel, um die Geschichte der Gebrüder Anochins zu erzählen, die von Geburt an taubstumm waren. Der ältere Bruder kam scheinbar gesund zur Welt. Aber als er in das Alter kam, wo die Kinder sprechen lernen, stellte sich heraus, daß er taubstumm war. Die Mutter war der Verzweiflung nahe. Sie entschied sich zu einem zweiten Kind. Der zweite Sohn wurde geboren, aber auch er war taubstumm. Was konnte die unglückliche Mutter tun? Um in die lautlose Welt ihrer Kinder einzudringen, erlernte sie die Taubstummensprache. Sie erzählte den beiden Jungen Märchen, die immer ein gutes

Ende hatten. Einmal stellte ihr der jüngere Sohn eine Frage, die die Mutter bis ins Herz traf:

»Mutti, wann kommt die gute Fee, die meinen Bruder und mich heilt? Oder sind alle Märchen, die ein gutes Ende nehmen, unwahr?«

Die Mutter antwortete: »Du mußt warten, mein Sohn.«

Tage und Jahre vergingen. Der ältere Sohn wuchs zu einem jungen Mann heran. Er verliebte sich in ein bildhübsches Mädchen, das ebenfalls taubstumm war.

Es war zu dieser Zeit, als die Familie von meiner Heilmethode erfuhr. Die Mutter brachte ihre beiden Söhne zu mir zur Behandlung.

Nachdem ich die beiden untersucht hatte, war ich sicher, daß ich ihnen helfen konnte. Ich begann die Behandlung. Es war sehr schwierig. Ich wußte, daß die Mutter von mir ein »Wunder« erwartete. Ich werde den Tag nie vergessen, als der jüngere der beiden Brüder zu sprechen begann. Es war derjenige, der seine Mutter nach der guten Fee gefragt hatte. Das erste Wort, das der Junge nach der Behandlung über die Lippen brachte, war an mich gerichtet. Er nannte mich »Mutter«... Beide Brüder hörten die Klänge der Welt, beide lernten das Sprechen.

Meine Behandlung hatte eine erstaunliche Nebenwirkung. Die Mutter meiner beiden Patienten verjüngte sich in ihrem ganzen Erscheinungsbild um einige Jahre: Sie sah jetzt wie die Schwester ihrer Söhne aus. Freude verschönert den Menschen.

Glück und Unglück gehen im Leben Hand in Hand. Der geheilte ältere Bruder kam zu mir und bat mich, seine taubstumme Verlobte zu behandeln. Ich konnte diese Bitte nicht ablehnen, obwohl ich wußte, daß die Mutter des Mädchens eine Ärztin war, die meiner Behandlungsmethode ausgesprochen feindselig gegenüberstand. Ich wußte das, weil sie die Genesung ihres künftigen Schwiegersohnes als Zufall bezeichnet hatte.

Ich mag Skeptiker nicht leiden, und ich finde, ich habe das Recht, so zu denken. Trotzdem habe ich mich mit der Mutter des taubstummen Mädchens getroffen. Ich war bereit, ihrer Tochter zu helfen. Die Frau gab sich zunächst sehr reserviert. Dann aber brach sie in Tränen aus. Sie sagte mir, daß sie selbst an allem schuld sei. Sie hätte aufgrund ihres Berufes immer nur dem Skalpell vertraut. Die Tochter hatte sich auf Betreiben der Mutter zwei chirurgischen Eingriffen unterzogen, obwohl die Mutter als Ärztin wußte, daß es praktisch keine Chance gab, das Leiden operativ zu beseitigen. Nach diesen Operationen war keine Heilung mehr möglich, nicht einmal durch die Macht meiner Hände.

Das Mädchen war sehr stolz. Es trennte sich von seinem Bräutigam.

Ich wurde durch diese dramatische Geschichte angeregt, eine Erzählung zu schreiben. In dieser Erzählung schildere ich die Vorzüge einer neuen Behandlungsmethode. Gemeint ist meine Methode der Bluterwärmung.

Wenn die Leute früher spürten, daß der Tod nahte, sagten sie: »Mein Blut wird kälter.« Heißes Blut eröffnet uns die Perspektive der Langlebigkeit. Es bedeutet ein neues Erwachen für die Hör- und Sehnerven, es bedeutet neue Kraft für das Herz. Ich wünsche Ihnen, lieber Leser, heißes Blut. Ich wünsche, daß Sie lange leben, ich wünsche Ihnen Gesundheit. Darin liegt der Sinn meiner Geschichte, und darin liegt der Sinn meines Lebens.

Wunder sind das Gegenteil von Wissenschaft, aber erklärte Wunder sind Wissenschaft. Auch der Wissenschaft widme ich Gedichte. Ich weiß, daß die Ärzte und ich an der gleichen Front kämpfen.

Warum ich in diesem Buch die Geschichte der beiden taubstummen Brüder erzählt habe? Weil mein Leben und meine Arbeit nicht voneinander zu trennen sind. In meiner Arbeit, in meinen Gedichten, in meiner Weltanschauung bewahre ich mein Ego.

Eine ganze Reihe von Fallgeschichten und Experimenten habe ich geschildert. Vielleicht las es sich so, als hätte sich alles in rascher Folge ereignet, als hätte sich die eine Erfahrung unmittelbar aus der anderen ergeben. Aber so war es nicht. Die Stufen, die mich zur Erkenntnis führten, waren sehr steil.

Werfen wir einen Blick zurück. Nicht auf meine Kindheit, nicht auf meine bewegte Jugend; betrachten wir die ersten wissenschaftlichen Experimente, die ich durchführte. Was wollte ich damit erreichen?

Mein höchstes Ziel war, daß meine Heilbehandlung objektiv anerkannt wurde. Alle sollten wissen, daß es sich dabei nicht um ein Hirngespinst, sondern um eine Realität handelte.

Bei den Experimenten versuchte ich soweit wie möglich das physiologische Wesen meiner Methode zu bestimmen. Ich gelangte zu der Schlußfolgerung, daß sich meine Heilmethode auf die Bluterwärmung gründet. Blut ist die Grundlage für das Leben des Organismus.

Es war immer mein Traum, daß die Wissenschaftler so schnell wie möglich die physikalischen Felder der biologischen Objekte entdecken. Um das zu ermöglichen, war ich sogar bereit, als Versuchskaninchen aufzutreten. Ich übernahm die Rolle des biologischen Objektes, und mein sehnlichster Wunsch ging in Erfüllung; die physikalischen Felder wurden entdeckt.

Es war nie mein Bestreben, allein über meine Methode zu verfügen. Ich war immer bereit, mein Wissen an all jene weiterzugeben, die den Menschen helfen wollen. Ich bin stolz darauf, daß ich heute viele Schüler unter den Ärzten habe. In der städtischen Botkin-Poliklinik, in der städtischen Filatow-Kinderpoliklinik, im staatlichen Helmholtz-Forschungsinstitut für Augenkrankheiten und in einer Reihe von anderen medizinischen Instituten wird meine Methode angewandt; um postoperativen Komplikationen vorzubeugen, die Heilung der Operationswunden zu beschleunigen, um Blutungen zu stoppen und zu zahlreichen anderen Zwecken.

Ich bemühe mich zur Zeit, ein Studienzentrum zu gründen, das die von mir gemachten Erfahrungen auswertet und weitergibt. Ich hoffe, daß dieser Traum in Erfüllung geht. Ich bin zuversichtlich, alles wird gut werden.

Immer mehr Ärzte betrachten meine Methode als ein hochwirksames Mittel zur Diagnose, zur Prophylaxe und zur Heilung. Ich habe eine universelle komplexe Diagnostizierungsmethodik und eine universelle komplexe Prophylaxemethode entwickelt, außerdem Methoden zur Heilung bestimmter Erkrankungen wie Herzischämie, Hörnervenneuritis, Asthma, Endarteriitis, Magengeschwüre, Hauterkrankungen, verschiedenartige Nephritiserkrankungen, Erkrankungen des Magen-Darm-Kanals sowie einer Reihe von Frauenkrankheiten.

Sie meinen vielleicht, daß ich jetzt die Hände in den Schoß legen werde. Aber das habe ich nicht vor.

Haben Sie je von dem Begriff der »großen biologischen Uhr« gehört? Wissen Sie, was man darunter versteht? Ich will es Ihnen erklären, und Sie sollten diese Erklärung sehr aufmerksam lesen, denn sie ist sehr wichtig.

Im Gegensatz zur einfachen »biologischen Uhr« – darunter versteht man die Funktion des Organismus an einem Tage oder über eine längere Zeit hinweg – mißt die »große biologische Uhr« nicht den Rhythmus der biologischen Prozesse, sondern den Verlust dieses Rhythmus. Die Uhr läuft ungleichmäßig. Wenn alle Lebensfunktionen eines Menschen normal ablaufen, dann steht die Uhr. Sie gibt ihm keine Signale, sie tickt nicht mehr. Erst wenn irgendwelche Störungen in der Lebensfunktion auftreten, beginnt die Uhr zu laufen. Sie schlägt Alarm.

Das Wesen der »großen biologischen Uhr« besteht demnach in der Kontrolle, die sie über die rhythmische Arbeit der wichtigsten homöostatischen Systeme des Organismus ausübt. Die Wissenschaftler haben den Begriff »die große biologische Uhr« gewählt, um einen gemeinsamen Nenner für das zu finden, was man »gesunde Langlebigkeit« und »Homöostase« nennt. Mit Homöostase wird das innere und äußere Gleichgewicht eines Organismus bezeichnet.

Jedes Lebewesen auf der Erde hat eine vorprogrammierte Lebensdauer. Die Eintagsfliege lebt nur einige Stunden lang, ein Hund bis zu zwanzig Jahren, ein Affe bis zu vierzig Jahren, ein Elefant bis zu achtzig Jahren, eine Schildkröte bis zu zweihundert Jahren.

Und ein Mensch? Ein Mensch könnte 120 Jahre lang und länger leben, wenn ... er richtig leben würde und wenn es keine Krankheiten, Streßsituationen und Ärgernisse gäbe. Viele Faktoren des inneren und äußeren Milieus stören den Gang der »großen biologischen Uhr«, sie drängen den Menschen an den Abgrund. Ich spreche vom Abgrund, weil ich das Wort »Tod« hasse!

Die meisten Menschen sterben nicht, weil sie ihr Leben gelebt haben, sondern weil die Regulationsmechanismen der Lebensfunktionen defekt werden.

Ich bin mit den Wissenschaftlern einer Meinung, die behaupten, daß Tod gleichbedeutend ist mit defekten Regulationssystemen.

Ich bin davon überzeugt, daß die Chancen für eine Verlängerung des Lebens heute besser sind denn je. Die bestehenden Alterungstheorien – es gibt über hundert – müssen überarbeitet werden. Dabei sollte besonderer Wert auf die Beeinflussung der Regulationssysteme gelegt werden, ein Problem, dem die Wissenschaft bisher nur wenig Aufmerksamkeit gewidmet hat.

Wir müssen lernen, die »große biologische

Uhr« genauer zu justieren. Nur so können wir erreichen, daß jeder Mensch die ihm von der Natur gegebene Frist von 100 bis 120 Jahren ausnützen kann. Es ist wichtig, daß der Mensch in seinem Leben Zeit für die Arbeit und die Liebe hat, für die Erziehung der Kinder und für kreatives Schaffen, für das Studium der Wissenschaften und der Kunst sowie für die Erziehung seiner Enkel und Urenkel.

Der großangelegte Angriff auf den Alterungsprozeß der Menschen beginnt mit der Korrektur der überkommenen Vorstellung, ein Menschenleben könne höchstens siebzig bis fünfundsiebzig Jahre dauern. Kaum ein Mensch kann sich vorstellen, wie stark sich die Vorstellungen, die er in seinem Herzen trägt, auf sein Leben auswirken. Einer der wichtigsten Gründe für ein frühes Dahinscheiden ist die Vorstellung des einzelnen, ihm sei nur eine kurze Lebensspanne beschieden.

Der Glaube, daß sich ein Mensch wie eine Maschine oder ein Kleid verschleißt, ist der Physik entnommen. Kaum jemand will begreifen, daß der Mensch in Wirklichkeit ein offenes System ist, das über große, weithin unerforschte Möglichkeiten verfügt.

Jede Überprüfung unserer Kenntnisse, jede Änderung unserer Überzeugungen ist schwierig, kompliziert, sogar schmerzhaft. Wenn ein Wissenschaftler zum Beispiel glaubt, daß es gegen jede einzelne Krankheit ein spezifisches Heilmittel geben muß, dann kann er sich nur sehr schwer zu der Erkenntnis durchringen, daß es vielleicht eine Methode gibt, die auf den Organismus als Ganzes einwirkt.

Glücklicherweise verfügen wir heute über experimentelle Daten, die nicht nur die Existenz des Phänomens der informatorisch-energetischen Beeinflussung lebender Objekte beweisen, sondern auch von der Notwendigkeit der weiteren Ausarbeitung dieser Methode zeugen.

Die Möglichkeit, daß ein Mensch auf den Organismus eines anderen einwirken, daß ein Mensch den anderen heilen kann, ist eine naturwissenschaftliche Tatsache. Diese Tatsache wurde unter anderem in verschiedenen Forschungsarbeiten auf dem Gebiet der Radioelektronik bestätigt. In der Zeitschrift »Nachrichten der Akademie der Wissenschaften der UdSSR«, Heft 8/1983, wurde ausführlich über diese Phänomene berichtet.

Daß der informatorisch-energetische Einfluß des Menschen auf biologische Objekte anerkannt ist, eröffnet neue Möglichkeiten zur Erforschung dieses interessanten Problembereichs. Es bedeutet zugleich, daß die Naturwissenschaft einen großen Schritt nach vorne tun wird.

Die einzigartige Wirkung der kontaktlosen Massage besteht in ihrer Fähigkeit, alle Lebensfunktionen des Organismus zu aktivieren und zu stabilisieren. Ob die Beeinflussung auf der Ebene der Zellen, der Moleküle, der Atome oder der Subatome geschieht, wissen wir nicht. Ich hoffe, daß die Physiker und Biologen bald Licht in das Dunkel bringen.

Ein Anfang ist gemacht. Ich hatte mir eigentlich vorgenommen, den Bericht über die außerordentlich interessanten Experimente mit Zellkulturen für ein anderes Buch aufzusparen. Aber ich will Sie nicht auf die Folter spannen. Die angesprochenen Experimente wurden von mir in Zusammenarbeit mit Medizinern und Biologen aus Nowossibirsk unter Leitung von W.P. Kaznatschejew, Mitglied der Akademie der Wissenschaften der UdSSR, durchgeführt.

Zusammenfassend kann ich sagen, daß es in Nowossibirsk gelungen ist, die Einwirkung meines Biofeldes auf menschliches Gewebe zu beweisen.

Vor kurzem habe ich einen Brief aus der CSSR erhalten, der große Freude bei mir ausgelöst hat. Zdenek Rejdak, Präsident der Internationalen Gesellschaft zur Erforschung der Psychotronik, schrieb die folgenden Zeilen:

»Liebe, verehrte Dshuna,
wahrscheinlich ist Ihnen bereits bekannt, daß wir im vergangenen Jahr eine Kommission für Psychotronik im Rahmen der Gesellschaft für Gerontologie gegründet haben. Die

Kommission arbeitet unter der Schirmherrschaft der Tschechoslowakischen Medizinischen Zurkine-Gesellschaft. Zur Zeit diskutieren wir über die Gründung einer neuen Kommission für Psychotronik bei der Tschechoslowakischen Gesellschaft für Wissenschaft und Technik. Es ist uns gelungen, in Zusammenarbeit mit dem Forschungslabor für Psychotronik und Juvenologie in Prag eine Reihe von wichtigen Forschungsaufgaben zu lösen. Wir arbeiten außerdem mit dem Kinderkrankenhaus bei der medizinischen Fakultät und mit einer Reihe anderer Fakultäten der allgemeinen Medizin bei der Karlsuniversität zusammen. Ich meine, daß es jetzt an der Zeit ist, mit Ihnen die Frage einer Zusammenarbeit auf dem Gebiet der Biotherapie und Bioindikation zu erörtern. Sie dürfen selbst entscheiden, wie diese Zusammenarbeit sein soll. Eine Möglichkeit wäre, daß man die entsprechenden Experimente in unseren wissenschaftlichen Zentren durchführt. Die andere Möglichkeit ist, daß man auf breiterer Basis in der Internationalen Gesellschaft zur Erforschung der Psychotronik zusammenarbeitet. So oder so, ich habe keinen Zweifel daran, daß ein engeres Zusammenarbeiten für alle von Nutzen sein wird.

Ende dieses Jahres werde ich wieder in Moskau sein. Ich beabsichtige, bei dieser Gelegenheit mit Ihnen die konkreten Formen der Zusammenarbeit und das Programm zu besprechen ...«

Jawohl, ich interessiere mich sehr ernsthaft für die wissenschaftliche Juvenologie, einem Forschungszweig, der die Erkenntnisse der Psychotronik berücksichtigt. Um etwas zu erreichen, ist ein Durchbruch notwendig. Die Menschheit ist skeptisch gegen alles Neue, deshalb sind Beweise so wichtig.

Ob die Wissenschaft, deren Mittelpunkt der Mensch ist, wirklich weiterentwickelt werden kann, hängt von den Erfolgen bei der Suche nach den »Schlüsseln« zu den Regulationssystemen ab.

Die Erklärung für die heilsame Wirkung der kontaktlosen Massage liegt in der Tatsache, daß bei dieser Therapie die Mechanismen und Systeme der energetischen Regulation des Menschen optimiert werden.

Unter Anwendung verschiedener Methoden der kontaktlosen und normalen Massage, besonders aber der Bluterwärmung und der Beschleunigung des Blutdurchflusses, wird es der Medizin möglich sein, auf breiter Basis den Weg zu einer optimalen Gesundheitspflege zu beschreiten. Parallel dazu wird man an das Problem der Lebensverlängerung herangehen.

Meine eigenen Erfahrungen bei der Entwicklung und Vervollkommnung der Methode zur Bluterwärmung und zur Beschleunigung des Blutdurchflusses bestärken mich in dem Glauben, daß wir mit dieser Therapie Erkrankungen heilen können, die bisher als unheilbar galten.

Ich habe einen schweren Weg hinter mir. Ich meide den Blick zurück. Warum? Weil mein Weg nach vorn führt, in die Zukunft. Hinter jeder Biegung eröffnen sich neue Möglichkeiten, neue Perspektiven.

8. Kapitel

Begegnungen

Wie schnell doch die Zeit vergeht! In wenigen Jahren wird mein Sohn ein junger Mann sein, ohne daß ich mir über diese Entwicklung so recht klargeworden bin. Neulich, als ich seine Anzugjacke reinigte, fiel ein Zettel aus seiner Tasche. Wacho lächelte, als ich den Zettel aufhob. Ich faltete das Papier auseinander und dann las ich die hingekritzelten Zeilen. Mein Sohn hatte ein Gedicht geschrieben! Ein Gedicht, das einer unbekannten Schönen mit langen Zöpfen gewidmet war... Ich mußte lachen, als ich mir das Mädchen vorstellte. Und ich mußte noch einmal lachen, als ich daran dachte, wie sie meinem lieben Wacho den Kopf verdrehen wird. Ich hoffe inbrünstig, daß mein Sohn sich zu einem glücklichen Menschen entwickelt. Ich bin zuversichtlich, daß es ihm gelingen wird, im reifen Alter all jene Fähigkeiten zu entfalten, mit denen die Natur die Menschheit so reich beschenkt hat.

Während ich die einzelnen Kapitel dieses Buches niederschrieb, hat es wichtige Veränderungen in meinem Leben gegeben. Ganz unerwartet habe ich zu malen begonnen. Jeden Tag, genauer gesagt, jede Nacht verbrachte ich einige Stunden an der Staffelei. Ob das nicht eine zusätzliche Belastung ist? Nein, eher eine Form der Erholung. Malen, das gibt mir die Möglichkeit, die Sorgen des Tages zu vergessen. Ich konzentriere mich dann auf eine neue Welt, dic mir bisher verschlossen war. Malen ist eine Methode, die Geheimnisse und Rätsel der Natur zu begreifen.

Inzwischen habe ich mehrere Dutzend Bilder und Skizzen angefertigt. Ich habe mit Öl und mit Pastellfarben gearbeitet. Das Porträt meines Sohnes habe ich mit dem Kohlestift angefertigt. Es steht mir nicht zu, die Qualität meiner eigenen Bilder einzuschätzen, aber die Menschen, die mir nahestehen, meine Verwandten und Freunde, sagen mir, daß die Malerei zu meiner neuen Berufung werden könnte. Warum nicht? Jedenfalls habe ich einen Kunstlehrer, der mir sagt, wie ich es machen muß. Er heißt Ilja Kleiner. Jeden Samstag gehe ich in sein Atelier, ein Grund mehr, mich auf das Wochenende zu freuen.

Ich gebe kein Geheimnis preis, wenn ich hier sage, daß alle meine Bilder für mich wichtig sind. Ich liebe das erste Stilleben mit dem Strauß Astern ebenso wie das Porträt der Frau mit dem Reh. Das Bildnis des alten Assyrers sehe ich mir ebenso gerne an wie das Ölbild, das ich von meinem Geburtshaus gemalt habe. Auf einem meiner Gemälde ist sogar der Dorfbrunnen verewigt, der für mich zu einem Sternenbrunnen wurde, davon habe ich Ihnen ja bereits erzählt. Es war mein Freund, der Dichter Andrej Dementjew, der halb im Spaß, halb im Ernst sagte:

»Ich würde mich nicht wundern, wenn du demnächst auch noch zu komponieren beginnst.«

Ich weiß nicht, ob ich Musik komponieren werde... Wie könnte ich die Melodie des bestirnten Himmels in Noten fassen? Wie könnte ich die Töne der zum Leben erwachenden Natur einfangen? Ich spüre, daß es schwierig ist. Aber manchmal reichen Worte und Farben nicht aus.

Es ist nicht wichtig, ob Dshuna zu komponieren beginnt. Wichtig ist nur, daß man sich nicht selbst unnötig enge Grenzen setzt. Meine Erfahrungen beweisen, daß das kreative Potential eines jeden Menschen fast unerschöpflich ist. Jeder kann neue Reserven und neue Möglichkeiten in sich entdecken, die sein Leben ausfüllen werden. Es gibt nur ein tragisches Hindernis. Das Menschenleben ist in den meisten Fällen so kurz, daß es nur wenigen gelingt, ihre Möglichkeiten auszuschöpfen. Ich kann dieses Naturgesetz nicht akzeptieren. Ich möchte hier wiederholen, was ich an anderer Stelle bereits im Detail belegt habe. Wir verfügen heute über Möglichkeiten, das Menschenleben zu verlängern, die Alterungserscheinungen der Zellen abzubremsen und vielen Krankheiten vorzubeugen.

Dieser Aufgabe widmete ich mein Leben, und ich freue mich von ganzem Herzen, daß ich Ihnen in diesem Buch die Ergebnisse meiner Arbeit darlegen konnte.

Ich berichtete über mein gemeinsames Wirken mit den Physikern. Heute darf ich die genaue Adresse nennen, wo die Experimente stattfinden. Im Dezember des vergangenen Jahres haben das sowjetische Fernsehen, die Zeitungen »Iswestija«, »Sowjetskaja Rossija« und »Moskowskaja Prawda« über die Entdeckungen berichtet, die im Speziallabor des radiotechnischen und elektronischen Institutes der Akademie der Wissenschaften der UdSSR gemacht wurden. Ich arbeite in diesem Labor Seite an Seite mit den Physikern, mal in der Rolle des Forschers, mal in der Rolle des Untersuchungsobjektes. Es ist für die Physiker wichtig, daß sie mit einem Objekt arbeiten können, das über starke Felder verfügt.

Infolge der gemeinsam durchgeführten Experimente wurde die Wissenschaft um einen neuen Begriff bereichert: »Physikalische Felder der biologischen Objekte«. Wir gingen davon aus, daß der Mensch über eine unsichtbare, jedoch materielle Substanz verfügt, so wie der Planet Erde über eine Atmosphäre, eine Magnetsphäre verfügt. Wenn in der Ausstrahlung der Planeten und der Galaxien die Information über ihre Zusammensetzung codiert ist, so gibt es einen ähnlichen Code in der Ausstrahlung lebender Objekte.

Jeder von uns ist ein lebendiges Universum. Das bedeutet, daß auf jeden von uns die gleichen Untersuchungsmethoden angewandt werden können, die bei den Messungen im Weltall eingesetzt werden. Für die Untersuchungen am Menschen benutzten wir im Labor die Meßmethoden, mit denen weit entfernte Sterne abgetastet werden. Spezielle Untersuchungskammern wurden entwickelt, und ich wäre nicht Dshuna, wenn ich nicht darauf bestanden hätte, daß ich selbst in einer dieser Kammern untersucht würde.

Mit Genugtuung und Freude stellte ich fest, daß sich im Verlauf der Untersuchungen viele meiner Vermutungen und Hypothesen bestätigten. Es wurde unter anderem der wissenschaftliche Beweis erbracht, daß jeder von uns ein Sender ist, gewissermaßen ein elektrochemischer Generator, der ununterbrochen Ströme und elektromagnetische Felder generiert. Ich, die Heilerin, spiele während der Diagnose die Rolle des Empfängers.

Den Physikern im Labor ist der Nachweis gelungen, daß kontaktlose Magnetogramme wertvollere Informationen über den Zustand eines Menschen liefern können als Elektrokardiogramme. Außerdem wurde der Nachweis geführt, daß mit Magnetogrammen die erkrankten Organe bedeutend leichter lokalisiert werden können. Andere Untersuchungen ergaben, daß ein Radiometer in einer abgeschirmten Kammer die Wärmestrahlung nicht nur von der Hautoberfläche, sondern auch aus dem Inneren des Körpers aufnimmt. Dies gibt uns die Möglichkeit, innerhalb von wenigen Sekunden die Innentemperatur eines Menschen zu messen. Und das ist nicht alles. Wenn man in der Lage ist, die verschiedenen Wärmelängen der einzelnen Menschen zu messen, dann können auch die Temperaturschwankungen bestimmter Organe eines Menschen gemessen werden. Die erhaltenen Daten würden uns untrüglichen Aufschluß über den Zustand dieser Organe geben.

Den Mitarbeitern unseres Labors ist es gelungen, Geräte zu entwickeln, mit denen sich die Ausstrahlung des Menschen registrieren läßt. Die rasche Verarbeitung der registrierten Daten mit Hilfe eines Computers gibt den Physikern die Möglichkeit, ein Abbild des menschlichen Körpers zu erhalten, das von seinen eigenen Kräftefeldern gezeichnet wurde. Es gibt bei alledem eine Besonderheit zu beachten. Die Medizin befaßt sich erst mit einem Menschen, wenn er krank ist. Unsere neue Methode, die auf der Entzifferung der physikalischen Felder biologischer Objekte beruht, ermöglicht die Untersuchung eines

Menschen unter ganz normalen, alltäglichen Bedingungen.

Was ich und meine Schüler heute mit den Händen machen, ich spreche von der Diagnose, könnte in nächster Zukunft von einer Maschine gemacht werden. Dann kann jeder Mensch innerhalb von ein bis zwei Minuten untersucht werden. Die Daten würden in einem Computer ausgewertet, mit Hilfe dieser Daten ließe sich das Nahen einer schweren Krankheit bestimmen, so daß der Arzt die notwendigen Maßnahmen treffen kann. Bleibt die Untersuchung ohne Befund, kann der Arzt den Patienten beruhigen. Die Wissenschaft eröffnet uns wunderschöne Perspektiven, nicht wahr? Was ich gesagt habe, betrifft vorläufig nur die Diagnostik. Natürlich ist es wichtig, eine Krankheit rechtzeitig zu entdecken. Viel wichtiger ist es aber, eine bereits ausgebrochene Krankheit zu beseitigen, den Menschen zu heilen. Ich denke darüber nach, ob man nicht eine Anlage entwikkeln könnte, in der meine Handgriffe und die Methoden zur Prophylaxe und Heilung bestimmter Krankheiten gespeichert werden. Jetzt wird Ihnen vielleicht klar, lieber Leser, warum ich in meinen Gedichten und in meinen phantastischen Erzählungen so oft von der Bluterwärmungsmethode spreche.

Es gibt Freunde, die mir vorgeworfen haben, daß ich meine Kräfte verzettele. Sie meinen, daß ich mit meiner Schwäche für die Literatur und die Malerei der Wissenschaft in den Rücken falle. Das sind unnütze Sorgen. Ich bin seit langem davon überzeugt, daß künstlerisches Schaffen und Wissenschaft Hand in Hand gehen. Wir brauchen beides, um die Welt zu enträtseln.

Eine Freundin, die meine Gedichte und Geschichten gelesen hatte, sagte mir: »Dshuna, du wiederholst dich. Die Sterne wandern bei dir von einem Gedicht zum anderen ...«

Ich gab ihr keine Antwort. Die Sterne sind meine Gefährten. Ich unterhalte mich mit ihnen, sie geben mir Antwort auf meine Fragen. Nicht zuletzt waren es die Sterne, die mir die Idee gaben, wie die von den Menschen stammenden Biosignale aufgefangen werden können. Ein Mensch gleicht wirklich einem Stern oder dem Weltall.

In einer Reihe von Gedichten und Geschichten aus meiner Feder kommt der Ozean vor, und das ist kein Zufall. Das Stichwort heißt Atlantis. Warum hat der Begriff der versunkenen Insel für mich eine so große Anziehungskraft? Ich meine, daß wir in den Tiefen der Ozeane nicht nach den Resten vergangener Zivilisationen suchen sollten, sondern nach der Energie, die versunkene Kulturen ausstrahlen. Es könnte auch sein, daß die Existenz von Wesen, die einmal gelebt haben, vom Weltall widergespiegelt wird. Aber das ist ein Thema, auf das ich in diesem Buch nicht näher eingehen möchte.

Wenn ein Mensch einem Stern oder dem Weltall gleicht, wenn er Signale ausstrahlt, so gleicht er in seinem Inneren dem Ozean, in dem einst das Leben entstand.

Wir wissen, daß der Körper jedes Menschen zu zwei Drittel aus Wasser besteht. Die ersten Lebewesen unseres Planeten wurden im Ozean geboren. Als sie an Land kamen, nahmen sie einen Teil des nassen Elementes mit sich, und obwohl sich die Umrisse der Ozeane seit jener Zeit verändert haben, tragen wir noch immer das Wasser des Urozeans in uns, die Natur hat es aus einem geheimnisvollen Grund so eingerichtet. Die Natur hat auch komplizierte Systeme entwickelt, die den Wasserhaushalt des Körpers kontrollieren und für seine Anreicherung mit den nötigen Substanzen sorgen. Bis heute kümmern sich die Ärzte nur um den Blutkreislauf des Menschen, sie vergessen dabei den Lymphkreislauf unseres »Binnenmeeres«.

Ich ahnte seit langem, daß ich mit meiner Heilmethode auch das Lymphsystem beeinflussen kann. Diese Ahnung wurde zur Gewißheit, als ich Gelegenheit bekam, an einem Kongreß der Lymphologen teilzunehmen. Es war Prof. J. Lewin, der Begründer der klinischen Lymphologie in der Sowjetunion, der mich zu dem Kongreß eingeladen hatte.

Ich bewundere den visionären Mut dieses Wissenschaftlers sowie seine Standhaftigkeit bei der Durchsetzung von Zielen. Prof. Lewin machte einen Schritt ins Unbekannte und stieß auf den Widerstand seiner Kollegen. Heute ist er über die Grenzen unseres Landes hinaus bekannt. Die Lymphologen bereiteten mir einen herzlichen Empfang, ich durfte auf dem Kongreß einen Vortrag über meine Arbeit halten. Dann wurde ich eingeladen, an verschiedenen Experimenten teilzunehmen. Prof. B. Kusik aus der fernen sibirischen Stadt Tschita äußerte die Vermutung, daß die von mir entwickelte Bluterwärmungsmethode die qualitative Zusammensetzung des Blutes bei einem Blutspender verbessern könne. Rasch durchgeführte Untersuchungen haben diese Vermutung bestätigt. Infolge meiner Behandlung erhöhte sich der Hämoglobingehalt des Blutspenders, zugleich verbesserte sich eine Reihe anderer Blutcharakteristika. Weitere Versuche und Experimente, die Prof. Lewin leiten wird, sind geplant. Es ist noch zu früh, darüber etwas zu sagen.

Ich habe einst den hippokratischen Eid geschworen, und ich richte mich nach diesem Eid. Noli nocere. Der Arzt darf dem Patienten unter keinen Umständen schaden. Der Fortschritt der Wissenschaft erfordert zahlreiche Überprüfungen und Vorsichtsmaßnahmen, damit Schaden verhindert wird.

Vielleicht haben Sie, lieber Leser, erwartet, daß ich in diesem Buch einige Geheimnisse preisgebe, was Sie auf dem Gebiet der Prophylaxe für Ihre Gesundheit tun können. Ich verspreche Ihnen, daß ich genau über dieses Thema ein Buch schreiben werde.

Sie möchten den guten Rat schon heute? Den Leserinnen, die immer jung bleiben wollen, möchte ich ein kleines Geschenk machen. Ich empfehle ihnen eine Übung, die jeden Morgen durchgeführt werden sollte. Die rechte Hand ist dabei einige Zentimeter von den Augen und der Stirn entfernt, die Finger sind leicht gekrümmt. Jetzt führen Sie, ohne Ihre Stirn zu berühren, zehn bis fünfzehn Minuten lang kreisende Bewegungen im Uhrzeigersinn aus. Schon nach einem Monat werden Sie feststellen, daß die Fältchen, über die sie sich geärgert haben, verschwunden sind. Die Haut ist wieder glatt und frisch, Sie sind wieder jung geworden.

Ich kann Sie jünger machen, aber bei viel einfacheren Problemen versage ich. So kann ich zum Beispiel nicht meinen Arbeitstag verlängern, so gern ich das möchte. Ich bin wirklich traurig, daß ich so wenig Zeit habe. Ich hätte zum Beispiel sehr gern an einem internationalen Kongreß über die Probleme der Biotherapie in Mailand teilgenommen, zu dem ich eingeladen war. Ich fand keine Zeit dazu. Ich hatte kein Recht, schwerkranke Menschen im Stich zu lassen, für die meine Behandlung die letzte Hoffnung war, und ich hatte kein Recht, die wissenschaftlichen Experimente abzubrechen, die von den Forschern eigens für mich begonnen worden waren.

Ich liebe es nicht, weitschweifend über meine Probleme zu erzählen. Sprechen wir statt dessen von meinen Erfolgen. Es hat mich gefreut, daß meine Kontakte mit Medizinern immer häufiger werden. Seit kurzem verfüge ich über ein eigenes Labor, in dem ich die Ärzte mit meinen Handgriffen und Arbeitsmethoden vertraut mache. Viele medizinische Institutionen wenden sich an mich mit der Bitte um Rat. Im Rahmen eines speziellen Schulungsprogramms brachte ich einer größeren Gruppe von Ärzten und Schwestern meine Behandlungsmethoden bei. Ich weiß inzwischen, daß die Ärzte dieser Gruppe bei der Behandlung der Hypertonie und Hypotonie positive Ergebnisse erzielt haben.

Ich bin über diese Ergebnisse besonders glücklich. Nicht nur, weil damit die Methode des Handauflegens endlich die gebührende wissenschaftliche Bestätigung erfahren hat, sondern auch, weil damit der Traum meines Lebens in Erfüllung gegangen ist.

Mein großes Ziel ist es, zunächst die Ärzte und danach alle Menschen mit den von mir entwickelten Methoden zur Vorbeugung, Diagnose und Heilung vertraut zu machen. Glück ist das Gefühl, auf dem richtigen Weg zu sein.

Der Weg geht weiter. Viele Rätsel werden auftauchen, einige Rätsel werden gelöst werden. Irgendwann einmal, nach kleinen Enttäuschungen und großen Siegen, wird meine Methode in den Dienst der ganzen Menschheit gestellt werden.

Was wissen wir zum Beispiel von den Möglichkeiten der Telepathie, der Gedankenübertragung? Ich habe mich an einer Reihe von Experimenten in dieser geheimnisvollen Disziplin beteiligt. Im Oktober 1984 wurden von einem amerikanischen Forschungsinstitut in Zusammenarbeit mit der Akademie der Wissenschaften der UdSSR zwei telepathische Experimente durchgeführt. Es ging um die Frage, ob jemand auf eine Entfernung von 10 000 Meilen Gegenstände telepathisch erkennen kann.

Russel und Elisabeth Targ hatten mir vorgeschlagen, zwei Orte im Raum von San Franzisko zu »sehen« und zu beschreiben. Das Experiment wurde in Moskau mit Videokamera aufgenommen. Elisabeth Targ formulierte meine erste Aufgabe so: Ich solle einen Ort in San Franzisko beschreiben, den Keith Harary, ein Mitarbeiter des amerikanischen Institutes, sechs Stunden später besuchen würde. Während Keith im fernen Kalifornien noch schliefe, solle ich Elisabeth den Ort beschreiben, den er sechs Stunden später besuchen würde. Der Bezirk wurde mit Hilfe eines Generators unter sechs Orten ausgewählt.

Es ist fast unmöglich, den Zustand zu beschreiben, in dem ich mich beim Beginn des

Experimentes befand. Ich lauschte Elisabeths Fragen und sah mit den durch meine Hände verdeckten Augen die Umrisse von Objekten, die mit Lichtgeschwindigkeit, vielleicht auch noch schneller, durch unvorstellbare Weiten zu mir flogen.

Ich hörte, wie Elisabeth sagte: »Morgen wird unser Freund in San Franzisko einen ganz bestimmten Ort besuchen. Wir wissen zu diesem Zeitpunkt noch nicht, welcher Bezirk es ist. Ich bitte Sie, jetzt an diesen Ort zu denken und uns zu sagen, was Sie dabei fühlen. Sagen Sie uns auch, welche Formen Sie sehen.«

»Ich sehe einen Platz«, sagte ich mit vor Aufregung belegter Stimme. »Der Platz ist von großen Bauten umgeben. Ein Bau ist kuppelförmig... Nein, es sieht eher wie ein Dreieck aus. Ein langer Weg führt von den Bauten weg und biegt dann ab... Dieser Weg ist wie ein Kreis.«

Dann fragte mich Elisabeth, wie der Ort von der Stelle her aussehen könne, an welcher Keith stehen würde.

Ich beschrieb ihr insgesamt dreiundneunzig Gegenstände und führte zahlreiche Details an, etwa: »Der Kopf eines Tieres mit spitzen Ohren, eine weiße Liege...«

Nachdem das Gespräch zwischen Elisabeth und mir beendet war, riefen die Amerikaner San Franzisko an. In Moskau war es Mitternacht. Es wurde festgestellt, daß Harary etwa eine halbe Stunde lang bei dem Objekt Nummer vier weilte. In Moskau wurde jetzt von den Veranstaltern des Experiments der Umschlag Nummer vier geöffnet. Der Inhalt war eine Postkarte, auf der ein Kinderkarussell abgebildet war. Das Karussell befand sich am Pier neununddreißig im Hafen von San Franzisko. Eine der Figuren auf dem Karussell stellte ein Kirmespferd mit spitzen Ohren dar. Es gab auch die weiße Liege, die ich »gesehen« hatte. Man beglückwünschte mich.

Ich erwähne diese Experimente hier nur in aller Kürze, weil sie in anderen Publikationen ausführlich, begleitet von wissenschaftlichen Erläuterungen, beschrieben werden. Wichtig für mich war bei jenen Experimenten die Erkenntnis, daß die Menschheit an der Schwelle großer Entdeckungen steht. Wir werden viele Geheimnisse der Natur zu unserem Nutzen erschließen. Wir werden gefürchtete Krankheiten besiegen. Wir werden in einem nie dagewesenen Wohlstand leben.

Oft werde ich gefragt, wie ich die Zukunft unserer Zivilisation sehe. Hier ist meine Antwort: Die Zukunft der Menschheit liegt in den Händen der Menschen. Wenn diese Hände keine Waffen mehr halten, wird die Kriegsangst, die heute unser Leben überschattet, für alle Zeiten vergessen sein. Wenn es uns gelingt, mit unseren Händen die Schmerzsignale anderer Menschen zu empfangen und den Schmerz auszuschalten, wird jeder des anderen Freund sein.

Die Zukunft liegt in unseren Händen, die imstande sind, Gesundheit zu erhalten und Heilung zu spenden, die Lebensspanne auf Erden zu verlängern und in jedem von uns die guten, die schöpferischen Kräfte freizusetzen.

Während ich die letzten Zeilen dieses Kapitels zu Papier brachte, klingelte das Telefon. Ich nahm ab.

»Sind Sie Dshuna?«

»Ich bin Dshuna.«

»Mein kleiner Sohn ist sehr krank, ich fürchte um sein Leben. Werden Sie ihm helfen?«

Wer dieses Buch verstanden hat, kennt meine Antwort:

»Ich komme.«